研究生的第一本書

從研究所畢業

林香河　林進材　著

五南圖書出版公司 印行

序

　　研究生只有分二種，一種是從研究所畢業拿到學位，另一種是被研究所畢業沒拿到學位。有拿到學位的研究生們各有各的歷程，最終的結果就是取得畢業證書，從研究所畢業；沒拿到學位的研究生們，歷程就是白忙一場，落得有苦說不出的結局。拿到學位的人，無論是否走學術的道路，這一生都是碩士、博士；沒拿到學位的人，則是回到了原點，夜深人靜時，甚至會懊悔，當時為什麼不堅持下去，完成學位。

　　為了要達成拿到學位，從研究所畢業的目標，研究生要克服的不會只有高階學術研究知識與技術的問題，還有來自四面八方的壓力，以及心理內在調適與問題解決的能力。這些問題、壓力、能力環環相扣，形成系統性的風暴，能克服與解決的人，自然就能順利畢業，取得學位；無法克服與解決的人，這個風暴就會壓垮那顆想到拿到學位的初心，使研究生最終選擇放棄學位，被研究所畢業。

　　無論你現階段是處於尚未擁有碩士學位、博士學位的潛在研究生階段；或是你已經在讀研究所，但正處於忐忑不安、生不如死、準備放棄的研究生階段；還是你已經放棄研究所學位，處於內心懊悔的階段，我們都希望你給自己一個機會，投資自己幾分鐘時間閱讀本書。你會發現，過程太痛苦或是寫不出論文，也許並不是你無法從研究所畢業的根本問題，而是那些曾經是你忽略掉的，或者是你看輕而根本不屑的，亦或是你根本就未曾想到過的問題所導致的結果。

本書是透過故事及專家建議的形式，給予過去已經休學但想再回到學校取得學位的研究生們，也給想讀研究所卻所知有限的潛在研究生們，以及現在正在就讀研究所卻步履蹣跚的研究生們，一條新的思路、新的思維、新的方向、新的建議。透過精確而有效的方法與策略，幫助研究生們，快速而有效地去適應及解決到底要如何從研究所畢業的問題，使研究生們能專注達成自我設定讀研究所的目的，最終取得學位，完成從研究所畢業的目標。

　　本書的出版，感謝五南圖書出版公司的厚愛與支持，總編輯、黃副總編、編輯群的用心，讓本書可以及早問世，提供研究所就讀同好一個新的視野、新的途徑、新的方向、新的策略。

林香河、林進材

2021/2/21

目錄

第3章　通過資格考成為資格候選人　101

第4章　完成論文並取得學位　145

第 1 章

進入研究所

1-1 為什麼要讀研究所

今日站在生涯發展的十字路口，面對高學歷的新進教師，身為學校的一員，宜岑主任內心開始思考到底要不要再進入研究所進修？

「學校教師應該善用鷹架理論，應用在教學上。」

「怎麼用呢？」宜岑反問這位擁有博士學位的新進教師。

「宜岑主任，連這個也要我這個新進教師來教啊！」這位新進教師臉上一副不屑的表情，正眼也沒瞧宜岑一眼。

這場教學會議裡，大家表面上不敢多言，私底下卻開始竊竊私語，就算知道鷹架理論，也不見得知道這個理論如何應用？

學歷角力的風暴隱隱來襲，不知不覺中已經令人感到不寒而慄。宜岑知道今後一定要改變，再不精進自己的教育專業知能，教學這條路就會走到黑了。

· · · · · · · · · · · · ·

同樣想要進修的小洛沒有什麼學歷上的壓力，是抱著可有可無的心態。只是家裡一直對她催婚，認為她年紀不小了，有份好工作，接下來理當就是走入婚姻組成家庭。媽媽天天要她去相親，說什麼親戚有人介紹是個電子男，才能並茂，再不然就是個銀行帥哥，和她一樣是金飯碗。

小洛千百般不願意，但又沒有任何的藉口可以搪塞媽媽的嘴，以及澆息親戚間以她為主角的八卦討論。

「看來，只有去讀個博士，讀它個七、八年的，這樣才能逃避結婚的壓力。」小洛想來想去，好像這招最好用了。

· · · · · · · · · · · · ·

　　每一個人讀研究所的目的各有不同，明成才從碩士畢業，結果就……失業了。爲了逃避就業的壓力，他想著：「先去讀到博士再出來找工作吧！也許，到時可以進入大學教書，成爲教授也說不定。」

　　家裡認爲他還年輕，若能讀到博士也眞的很光榮。

　　明成的內心也是這樣子想：「反正，媽媽爸爸都支持我繼續讀下去，也會繼續養我，乾脆就一直讀到博士好了。」最後，也不去找工作了，先去考博士班。

． ． ． ． ． ． ． ． ． ． ．

　　智宏則完全不同，他本來就不怎麼想要讀博士班，但是家裡那位博士太太一直希望他也去拿個博士。

　　智宏的太太如鈺像連珠砲一樣的，天天用轟炸的方式唸他：「你看看，我同事的老公都有博士學位，你還在這裡混啊！」「家族裡的男丁，就只有你沒有博士學位，你看看，連小叔都有博士學位了。他以前念那個什麼爛大學的，現在倒比你強了。」

　　智宏內心想著：「再下去不是辦法，還是去考考看博士班吧！不然，耳朵都要聾了。」智宏很無奈地拿著老婆從網路下載的招生簡章……

 **你可以決定**

➊ 解決環境壓力

人一生都會受到環境的影響，環境的影響力往往是長期而不易改變。透過直接面對環境壓力所帶來的問題，解決問題，是最好的方法。如果，你改變不了環境，就要改變你的想法；如果，你改變不了你的想法，你就會被環境改變。如果你的身邊都是碩、博士學歷的人，那麼就選擇進入研究所就讀，並取得學位，成為環境因素的一部分，這樣你才能解除壓力。

➋ 問對問題

實際上，你需要去確認這個問題，到底是不是一個需要解決的問題。解決問題最好的方法，是問對問題。如果拿到碩、博士學位，只是解決問題的策略之一，也就是利用拿學位來轉移原始問題，為自己爭取時間作為策略，那麼你就應該先拿學位，再解決原始問題，才能達到真正的目的。

➌ 順勢而為

有些人是皇帝不急，急死太監。自己不想讀，是別人要自己讀。由於想要讀書的主角不是自己，而是旁人的推動，或許動機不夠強烈，但不一定就不能畢業。順其自然、順勢而為，有時反而是最輕鬆就能達成，卻也可能是最容易放棄。既然有親朋好友的支持，就應堅持到底，拿

到學位為自己建立成功的經驗，從研究所畢業，才算是真正的順勢而為。

❹ 自我實現

近年來，有越來越多的人進入研究所就讀，不一定是為了要進入到大學裡當教授，也不一定是為了要從事什麼樣的行業，就是想要自我實現、自我挑戰，圓一個夢想。當你對於現有感到不滿時，無論是精神或物質，你都會想要更上層樓，你就想突破現狀，就會去追求自我實現。既然是自我實現，只有拿到學位，從研究所畢業才能達成這個目標。

1-2 讀研究所的好處

自從宜岑有心要朝向博士班努力之後，她的行為開始轉變。

宜岑會在學校會議裡，主動的詢問這位全校僅有的博士教師：「楊老師你上次談到的鷹架理論要應用在教學上，跟我們大家談談，要如何進一步的融入學校的教學方案裡。」

楊老師被宜岑友善的詢問，也不好再以學歷自傲，直率地把自己的看法提出來。

「我認為根據維高思基所論述的理論，有些學生對許多抽象的概念還無法有具體概念。因此，在教學時，要能夠儘量將許多抽象的概念具體化。現在課堂上的教具都已朝向圖像化，幫助學生理解。不過，語文中的字辭造句，透過圖像化的教材輔助學習就有限制。因此，教師要自己成為學生學習的主要鷹架，像是利用生活情境刺激，幫助學生在學校環境中使用字辭造句，強化字辭概念與應用能力，而不是教材廠商沒提供好教具，我們就不精進教學能力。否則，未來的教學，我們就會被廠商的教具給限制住，到時候教師就成為放映影片的工具人，完全沒有自主的能力了。」

宜岑聽了楊老師的說法，覺得很有道理，同時也深感自己身為教師的危機，不得不佩服她擁有博士學位，真的與學校教師有所不同，無論是說出來的做法和建議，都具有相當高的可行性及說服力。反觀自己，雖然參加許多學校的研習活動，對於教育上的專業理解也應該是有實力的，但怎麼就不能說出這些呢？

內心裡，宜岑再三反問自己好多問題：

　　「自己至少也有碩士學位，但怎麼就不像楊老師這樣的有實力，可以隨時講出一篇大道理來。」

　　「這中間有些什麼差異呢？楊老師的理論是從哪裡來的？更重要是，要能說出來，帶給學校具有應用及創新的價值。」

　　「雖然她才剛進學校，但是任何意見都充滿學理的支持。現在無論是什麼樣的會議，同事們不自覺地都希望有她的意見作為支持，無形之中，她在學校的重要性與影響力也與日俱增。」

　　「不但如此，她一進到學校，起薪就比當時自己進學校時要高出許多。自己雖然年資較深，但她的高學歷也具有高價值。」

　　回過神來，宜岑很贊同楊老師所提出來的建議：「我們下一個階段，就朝向這個方向，進一步精進本校教師在教學時教材應用與創新能力，以及教學法學理知識的提升。」

　　「楊老師請留步……」宜岑快步跟上楊老師：「我有個問題想向妳請教……」

 你可以決定

❶ 提升認知思維能力

　　知識就是力量，也是權力。進入研究所之後，就會學習到「如何思考」的各種基本能力。開始從各種角度出發去看待事情的來龍去脈，而找到最佳路徑。尤其是研究所專注在研究知識、驗證知識，找出知識的限制與價值，更甚者是在產出具有影響力的知識。無形當中就會改變自己對知識思維的模式，強迫自己學習頂尖學者的思維，以更

為靈活的方式進行思考，而提出具有合理性的邏輯推論。

❷ 增加經濟財富能力

進入研究所就讀本身，就是增加經濟財富能力的一種選擇。研究生從研究所畢業，取得學位證書，就等同由國家證明你具有某種研究能力。研究所是被國家教育機構驗證的學術單位，它的課程系統是一套為入學者安排好，具有效力與系統的學習途徑，在學者可以享有學校的各種教育資源，是一般坊間學習場所無法取代的。另一方面，大部分的職場工作也與薪資掛勾，如果你找不到比用取得學歷來為自己加薪的更好方法，就進入研究所，取得更高的學歷為自己增能，就是最好的方法與途徑。

❸ 提高自信與心理素質

以學位作為強化自信與心理素質的甜蜜期約三年，隨著時間消逝，就會轉變為實際行動力與展現出來的成果。換句話說，學位是生涯發展的歷程，不是終點，如果拿到學位不持續進步，三年後這個學位就真的如同一張紙。如果，你目前只有大學畢業，你發現自己各方面發展有限，試著跳離「舒適圈」去讀個碩士學位；如果你完成碩士學位，三年後卻沒有任何自我成長，應該思考取得博士學位，持續投資自己，進而強化自我的心理素質。

❹ 增強行為效率

擁有經歷的人想要擁有學歷，擁有學歷的人想要擁有經歷，最令人羨慕的人是學經歷都有。單一化的經驗會產

生習慣，有時反而會僵化思考，影響行為。進入研究所會改變你的思考模式，做任何事情會不自覺地從別人研究及驗證過的知識，選擇做出對當下最有利的行為，而決定這件事要不要做、要如何做等。這些思維會影響到行為，進而增強行為效率，使做事感到事半功倍。

1-3 報考研究所的準備

宜岑主動向楊老師請教關於考博士班的事情：「楊老師，博士班應該很難考吧！」

楊老師回應說：「要考上也不算難。現在的博士班很多，應該不會考不上才對。不過考上與否的最大關鍵，在於妳有沒有發表學術文章。」

楊老師看著宜岑臉上困惑的表情，猜想她大概是沒有發表過任何學術文章，直白地對她說：「讀博士班時，研究所的教授就提到，有些考生的碩士論文寫得很好，但就是缺乏在三年內發表的學術文章，那一項要求就是零分。因為是零分，根本就進不了博士班。」

望著宜岑吃驚的表情，楊老師再用自己的經驗告訴她：「換句話說，這是想要報考研究所的致命傷。許多考生沒有考上的原因，就是因為三年內根本就沒有發表文章，以至於這項分數是零分。如果妳有心真的想考，一定要有這一項分數。」

「那妳是怎麼解決這個問題的？」宜岑很疑惑。

「在決定要考博士班後，我就開始研究報名簡章裡的條件要求，也問一些有經驗的過來人要如何準備考博士班。當時也發現到自己有這個問題，為了有機會考上，我花了一年時間準備這一項。」

「要一年啊！」宜岑開始在內心裡打退堂鼓。

「也不見得，這點會因人而異，只是我的經驗是一年。投一個學術期刊到要刊登上是不容易的，作業過程很花時間。妳如果

有心要考，一定要及早準備，不然不容易考上。」

「一定要是學術期刊嗎？」宜岑已經覺得自己沒有希望考上了。

「妳也可以嘗試著去投研討會的學術論文，它比起學術期刊要容易許多。」楊老師主動問了宜岑：「妳也想考嗎？對我考上的這間研究所有興趣嗎？我可以把我的資料提供給妳。去試試看。」

「妳讀的是國立的研究所，應該很難吧！」

楊老師瞥了她一眼，直接的回應：「既然要考，還分國立、私立。妳應該把自己的標準提高，好好準備才是。至於能考上哪一間，就看妳的努力與運氣了。」

聽著楊老師的口氣，自己好像問了不該問的問題，反而有些不好意思：「那我要好好研究研究。」

宜岑內心有了動力，開始朝向考上博士班而努力。

你可以決定

❶ 分析研究所的入學條件

下定決心要考研究所之後，就要把自己當成是碩、博士的研究生，開始進行研究。第一項要研究的就是分析研究所的入學條件。先下載前一年的招生簡章，仔細分析要求項目、報考方式以及日期。一般而言，主要準備的內容是：(1) 過去的在學成績與學歷證明；(2) 相關論文及學術發表文章證明；(3) 未來的論文計畫及自傳；(4) 其他項目

（相關證照、推薦函）等。

❷ 擁有學術發表文章

尤其是博士班，或具有名氣與指標的研究所而言，期限內（例如三年內）學術發表文章這一項，是能否考上研究所的關鍵。你可以從投稿研討會的文章著手，它的機會較多，文章錄取率較高，但即使如此，也不是今日投稿，明日發表這麼簡單，而是至少要花三個月到半年的時間才能完成。因此，若有想要考上較好的研究所，那麼請務必針對這項條件提早準備好。

❸ 累積學術活動的經驗

有心想要考研究所的研究生，有機會就要去參加各大學舉行的研討會，或是觀摩碩、博士學位論文考試，這樣做有助於你理解研究所的生態環境。如果，你想考研究所，卻連參加大學所舉行的研討會，或是學位論文考試是什麼都不知道，這顯示你對於研究所到底是在做什麼完全不理解，也沒有概念，考上的機率就會降低。

另一方面，我們不建議潛在研究生去旁聽碩、博士班的課程，一來不容易長期融入班級課程，二來一旦突顯出自己的缺點，反而不利考上研究所。

❹ 諮詢相關人士的實際經驗

如果你所諮詢的相關人士提到像是「不用準備也能考上」、「現在研究所那麼多，一定會考上」，這樣的話語內容，請聽聽就好。好的研究所要入學仍需要與強者競

爭，也有很多的條件，不是想考就能考上。如果你所諮詢
的相關人士具體告訴你要準備的項目、要注意的事項，那
麼一定要記下來作為參考，有任何的困難，可以請他給予
指導及協助。

1-4 書面資料的高分錄取策略

　　看著從網路上下載的研究所招生簡章，宜岑內心裡開始慌了，實在有太多的資料要準備，還沒有開始，她就先否定自己。

　　「招生簡章就像一本書一樣，好像很難考啊！」

　　「報考研究所要做的程序好多，第一輪報名繳費……第二輪繳費筆試……面試……還有碩士論文、畢業證書、碩士學位期間歷年成績、論文計畫、進修計畫、自傳、證照……」

　　「『近三年內發表的學術著作』，這就是楊老師說的學術著作的要求……」

　　「這麼多項目，要怎麼準備呢？」

　　宜岑嘆了口氣，又聯想到楊老師可以拿到博士學位，真的好厲害，自己連她的車尾燈都看不到了，還想要跟她一較高下，真是想太多了。更何況除了事業之外，還要兼顧家庭生活。

　　宜岑回頭一看，準備上幼兒園的兒子，正吵著要媽媽抱抱。同在職場工作的先生，總是希望她輕鬆一些，不必再搞進修這件事。

　　「去讀博士是很辛苦的，沒事幹嘛給自己找麻煩啊！」

　　「你不懂啦！現在，我的同事有人是博士了，如果我不去讀，我會有壓力的。」宜岑有些動氣。

　　「就算妳想要去讀，妳考得上嗎？」先生用懷疑的眼神看著她。

　　「所以，我才找你討論啊！我需要你的支持。」宜岑自己突然覺得壓力沉重，好想哭。先生看著自己的太太這麼在乎這件事

情，也捨不得地說：「把簡章拿來，我們一起看看怎麼解決。」

「你看，光是『近三年內發表的學術著作』我根本就完全沒有，更何況我之前的碩士成績也不怎麼樣啊！」宜岑憤憤地指著那一項要求，眼淚已經流了下來。

先生倒是冷靜許多地說：「妳想太多了，妳都還沒有去考，就一直在否定自己。那還能考上嗎？」「妳碩士畢業已經好幾年了，這個條件的確要趕快補上，其他項目倒是還好。」

「真的嗎？」先生一句話，宜岑就冷靜下來地說：「為什麼？」

「大部分去考試的人，基本條件都差不多，妳不必太在意。只要在書面資料、筆試、面試都能穩住拿到高分，考上的機率就大增。但是，先要把妳缺的資料補齊，不然，一項零分，錄取機會是不高的。」

「聽你這麼說我就放心了。」宜岑臉上微微地笑了起來。

「那，我們可以吃飯了嗎？」宜岑的先生想趕快轉移焦點。

「當然了。今天有你愛吃的紅燒魚喔！」

你可以決定

1 書面資格要符合要求項目

有些研究生為了做出差異而花招百出，引人注意，多數會做過頭，反而使自己陷入不利的情境。另外有些研究生，以為教授不會去查證自己的學術文章，將多年前的文章動手腳，改成為三年內的文章。這些動作都是不智之

舉，千萬別做。現今科技發達，一經查證，發現有學術倫理的問題，根本就不可能有機會考上，嚴重者，還會留下紀錄，影響到未來研究所的考試。最好的方式，是依據研究所簡章要求的項目，誠實地進行書面資料的準備。

❷ 編排方式要一對一

關於送審資料的編排方式，要針對要求項目的順序，作為編排的準則。舉例而言，如果簡章要求的第一項要的是自傳，第二項要的是成績單，第三項要的是三年內發表的文章，編排項目就依這個順序編排。這樣子做的好處，能使評分書面資料的教授，感覺得到分數打起來很順手，也感受到報考者的用心，在相同的條件下，就有機會取得較佳分數。

❸ 文字、表、圖使用APA格式及適當的比例

研究所使用的不是 FB、IG 的寫作格式，而是學術研究的 APA（America Psychology Association, APA）寫作格式，最簡單的方法，是去看一本你要考的類科最新發表的學術期刊，看看裡面文章是如何呈現作者引用他人文章的方式，你就會有概念什麼是 APA 格式。

另一方面，不是全部都是文字就是好的書面資料，也不應失衡，整個申請資料像是採購本一樣，全是表、圖。我們建議要依據你報考的研究所屬性進行，如果是人文社會類科，應以八成的文字、一成的表格、一成的圖檔，作為書面資料的比例。如果是藝術類科，則要反過來，文

字占一成、表格占一成、圖檔用於展現你的作品要占八成。這樣做，可以加快教授理解你的內涵，也能留下深刻印象。

❹ 書面資料要能突顯出個人學術特質

這個部分是最重要，也是你要突顯你與其他研究生最大的差異。舉例而言，如果你考的是理工類科的研究所，就突顯出你在理工領域擁有什麼樣的學術成就。同理，如果你報考的是教育類科，則是要突顯出在教育上的學術成就。

所謂的學術成就，是包含你發表的文章、書籍、參與相關的學術活動……等等。這時候，無論是在自傳、未來讀書計畫裡，都要去突顯你擁有這項特質，使你與眾不同。

所以回推回來，如果你在報考前沒有這些學術特質，就要想辦法建立。如果你是大學生要考碩士班，曾經有申請通過並完成大專學生研究計畫，考上研究所的機率就較高；若是一般生想要考碩、博士班，至少是三年內參加研討會發表文章。如果你擁有的是三年內雙外審，或是TSSCI等級的文章，幾乎可以篤定錄取榜單上會有你的名字。

1-5 筆試的高分錄取策略

筆試來臨之前，宜岑的競爭者都是她自己想像而來的。她不知道自己的排名，也不知道競爭者的實力為何，好計算自己錄取的機率。直到通知函寄來，她才確定自己通過第一關資料審核。只是，多年未再有筆試經驗的她，光是想到要參加筆試，就又覺得心慌。

「不是說博士班已經招不到學生了嗎？怎麼還要筆試！」宜岑開始嘀咕起來。「報名這麼多間，乾脆不要去參加好了。」她開始向先生碎碎念，希望不要有任何筆試，直接通知她錄取就好了。

「妳還不趕快準備筆試，還在那裡想什麼啊！」宜岑的先生催著她。

宜岑不以為意地說：「怎麼還有考筆試的博士班啊！乾脆放棄好了。」

「妳到底想不想考啊！有筆試就不準備了？以後讀博士時，搞不好還要考試呢！」

「怎麼可能呢？現在博士班怎麼還會筆試啊！」

先生提醒她說：「萬一大家都這樣想，因為有筆試就放棄了，這一所不就最好考，不用分數很高也能考上。」

「嗯……好像有點道理。」宜岑點點頭，看著網路上下載而來的考古題說：「可是，我不知道要從何著手，覺得好像很難！」

「至少先分析一下題型，看看題目有些什麼相關的，透過分

類來整理資料，之後再進行閱讀。」

「好煩喔！這麼多的資料，這麼多的考古題，要怎麼準備啊！」宜岑把手上的資料一攤，根本就忘了羨慕楊老師能成爲博士的那個自己。

「之前信誓旦旦，嚷著要考博士班的是妳，現在遇到困難而抱怨最多的也是妳。妳是想考上還是不要考上？再這樣子下去，別說妳之前爲了投稿文章的努力白費了，光是花在考博士班的時間也都浪費了。還不如不要考了，就回到從前的生活。」

被先生這樣子一說，宜岑有些不好意思。想想，自己也一直在要考與不要考之間徘徊。到學校看見楊老師時，就想自己一定要考上博士班，未來也要成爲博士，好把楊老師給比下去。等到回到家，看到了還要筆試的困難，就想著乾脆放棄。來來回回的不定性，怎麼能考好，怎麼能考上呢？

你可以決定

❶ 以考古題作為準備重心

報考研究所要有效率的準備，必須要使用「標靶」的準備方法。針對碩、博士班的歷年入學考古題進行準備，才不會漫無目標，浪費時間。基本上，考古題代表這間研究所教授們的思維與課程的重點，他們會出這些題目的目的，是因為這些題目是一位研究生該有的專業知識。因此，針對考古題進行題型分析，並嘗試尋找相關理論作為答案，形成有效的知識基礎。

❷ 以考科及未來教授的教材作為回應內涵

有了考古題作為準備方向，接下來就是回應考古題的內容。你可以上要報考研究所的選課網站，看看教授們的課程綱要，針對你的考科都要求研究生讀些什麼書，針對這些書的內容進行整理分析，再透過考古題訓練自己如何回應。這樣子的做法，可以使你很快地學會應用理論來回應題目，同時，也能將準備的範圍縮小，並形成有效的知識量。

❸ 以現今流行議題為應用

其次，比較難的是你要能抓住流行應用議題。我們建議，除了平時就留意正在進行的與自己考科相關的議題，更要在最後一個月，保留一些時間，留給將要發生的重大議題。由於你無法預測在考前一個月內會發生什麼特殊議題，因此，要先打好考古題及考科理論的論述能力，並應用在你可以掌握住的議題上，萬一真的有突發議題發生，你就會發現自己有時間進行準備。此時，你就會感謝自己有先見之明的準備。

在閱讀與訓練自己回應關於陳述性知識的問題時，你也可以參考第 3 章博士班資格考準備的方式，以及本書所論述的重點。

❹ 控制情緒保有耐心

參加考試最難的是要控制情緒保有耐心，持續的為想要進入研究所，為成為碩、博士生而努力。

　　研究生起初的程度都差異不大，最後的成功者，是因為他們能實踐自己的想法，控制不耐煩的情緒，一步一腳印的好好準備。因此，不要憑想像認為別人不努力就考上，也許他只是沒說而已；也不要只聽片面之詞，說什麼不用準備就可以考上；更不要去想著別人很容易，自己準備為什麼這麼難，也不要再浪費時間想著，別人為什麼一次就考上，而自己好像無法如願。

　　考上與否都是自己的事情，如果沒準備好而沒考上，倒楣的還是自己。能夠熬過長時間準備，把考研究所當一回事的人，最終都會考上，才是真正的成功者。

1-6 面試的高分錄取策略

順利收到面試通知的宜岑，感受到自己現在是關關難過關關過，不知不覺地心裡開始有了一定會成功被錄取的預感。這種感覺，與之前在申請資格審核及筆試時，猶豫不決、舉棋不定的心情，是大相逕庭的。

自從收到了面試通知後，她就將衣櫃裡的衣服全都拿了出來，還把包包、鞋子全都拿進了房間裡，對著穿衣鏡，不厭其煩的一件又一件地試穿著。

「老公，我去面試時，要穿什麼？要不要去買衣服啊？」宜岑在鏡子前面擺著姿勢，想像著到時候面試的狀況。

「老公，黃色的洋裝好嗎？還是黑白的套裝啊！」

「要配什麼樣的鞋子？感覺這雙顏色不搭。可是，那一雙又不好走，有點卡卡的。還是這雙平底鞋，不過，腿看起來不修長，不夠高。」

「老公，你都不關心我……」

一旁的先生冷冷的看著她，撇頭看著落在地上零亂的幾十雙鞋，眼神又無奈地游移到床上那成堆的衣服和包包上，最後盯著在鏡子前面試著一件又一件的套裝、洋裝、長褲、襯衫的宜岑，突然問她：「面試那天的天氣如何？」

「嗯……這有什麼關係啊？」宜岑有些不解。

「老婆，萬一那天下雨，那麼穿淺色的褲裝就容易沾汙；萬一那天出大太陽，天氣熱，那麼穿深色的套裝就容易流汗。看一下天氣預報，才知道那天要怎麼準備。」

「老公，不過還有一段時間才能確定天氣狀況。」

「所以，妳現在要趕快準備面試時可能需要回應的問題才對啊！穿什麼衣服，等天氣預報出來再說。更何況，妳穿什麼都好看。」

「是嗎……好吧…… 」宜岑笑著臉，用撒嬌的聲音對著先生說：「那你要贊助我喔！」

坐在客廳裡跟著兒子在玩的先生回應說：「一定、一定。培養一位博士老婆，是一種最划算的投資。」

宜岑臉上終於展現出心滿意足的表情，開始收拾起這幾天堆在房間裡的衣服、鞋子和包包，準備面試可能會被問到的問題。

 你可以決定

❶ 要有萬全準備的心態

所謂的心態，是由你的想法連結到你的動作。而最後的面試，就是要評分你內在想法與外在動作所展現的綜合成果。此時，只有萬全準備的人才能勝出。

所有的評分並不是在你進入面試教室時才開始，而是從你下定決心要考研究所就開始了。你的一言一行、一舉一動，甚至你的一個眼神，都要展現出你的專業。一位準備好的研究生，會在態度上從容不迫，已有百分百上榜的把握，而這個把握，是奠基於你對於研究所入學考的萬全準備，而不是誇大其詞的自吹自擂。

② 外表要端正得宜

要考上研究所，你的外在要呈現專業氣質，你的內在要有自信的底氣，才能相互影響，使你的外表端正得宜。

外在的整理，可以利用參加研討會，觀察那些學者們的衣著外表，找出一個最適合自己的形式風格，模仿他們，包含你的衣服、髮型、皮膚、態度、儀態，展現出一位學者的樣態。如果你的皮膚不好，及早去看醫生治療好；如果你的髮型不佳，花點錢，找個設計師為你找出最適合的髮型。

內在的底氣，你也要努力準備，給自己打氣。學習往好的方面思考，天天給自己催眠，天天跟自己對話，直到你考上碩、博士研究所為止。

③ 話語要具有理論內涵

要考上研究所，需要有專業知識對話能力，這是一種將自我專業領域知識，展現在與教授對話情境當中的能力。除非你的其他成績分數高到別人無法取代，那你就有本錢在面試時只靠基本分數錄取。如果你沒有，口試就是你最後加分的機會。

你可以預先上網查看要報考學校科系的教授有誰，了解及閱讀他們的專長和發表的文章，進行情境對話的練習，想像你與教授正在進行專業對話，你會回答什麼理論內容。當真正面試時發生與你情境練習相似的情景，你就要勇敢地讓好運發生，與教授進行專業對話。

❹你要讓神奇運氣發生

對任何人而言，運氣只占 1 分。考 50 分的人，加上 1 分運氣，也只有 51 分；考 100 分的人，加上 1 分運氣，卻有 101 分。只有萬全的準備，才能成功考上研究所。你若有心要考研究所，而且是想要考上，就必須讓努力和運氣加在一起。

你百分百的努力，是平時一點一滴建立起的書卷氣息，準備好專業知識的應答內容，考前千錘百鍊的情境練習。最後，就算不靠神奇的運氣，神奇的運氣也會跟隨著你，讓你順利到彷彿有神明降臨。

1-1 錄取之後的準備

　　錄取通知單寄發到了各人的手上，宜岑也考上了，先生的承諾兌現，就是一套新衣服外加一個名牌包。

　　而之前想逃避婚姻壓力的小洛，也考取了這次的博士班。她沒有宜岑的好命，而是要面對家裡的催婚大戰。

　　「小洛，妳幾歲了，還不趕快結婚，是想要放到生不出來啊！」

　　「媽……」

　　「讀什麼博士啊！女人家讀了博士，還有人要嗎？」

　　「媽……」

　　「之前要妳跟隔壁村阿泰伯的兒子相親，妳還騙我什麼工作在忙，結果是去考博士班。妳是真的要氣死我是不是。」

　　「媽……」

　　「阿泰伯家的兒子有什麼不好，人家也是有家世的，光是房子就有好幾棟，妳不要，別人還搶著要。妳到底在想什麼啊……」小洛的媽越唸越生氣，切水果的刀砍向西瓜，鮮紅的西瓜汁，噴得整個流理台都是紅色的汁液。

　　小洛轉向正在整理松樹盆栽的爸爸，使了個眼神，向他求救。

　　「女孩子讀書很好啊！有什麼不好呢？」小洛的爸爸是鼓勵她去讀書的。「拿個博士，靠自己，不用管別人的房子、車子的。可以自己努力自己賺啊！」

　　西瓜一片片整齊的在水果盤裡，看起來冰涼又消暑。小洛的媽就是不死心地唸著自己的女兒：「自己努力自己賺，然後呢？都不用生孩子。」

　　「小洛又不是小豬，是我的寶貝女兒。」小洛的爸順口回應著。

　　「爸……幹嘛話裡藏刀啊！比媽的還狠。」小洛瞪了爸爸一眼。

　　「小洛啊！不是媽說妳。妳也老大不小了，去讀個博士要幾年啊！媽不要妳那麼辛苦。趕快找個好人家，把自己嫁了，過個平凡而幸福的人生，像我跟你爸這樣，不好嗎？」

　　「媽……　」小洛也是個聰明人，知道媽媽是為她好，也知道她是硬的不成就會來軟的。之前，她就吃過這種虧。

　　「媽，研究說女兒的智商有一半是遺傳自母親。所以，我能考上博士班，是來自妳的遺傳。媽，妳好厲害喔！生出個博士女兒耶！」

　　「小洛的媽，這西瓜是誰挑的，怎麼這麼好吃！」小洛的爸也贊聲下去。

　　「小洛，妳少來了。妳是我生的，當然有一半是遺傳我的，還用什麼研究來堵我。你們父女聯手。好啦！都不要嫁，看以後誰養妳。」

　　小洛一邊吃著西瓜，一邊笑著臉，撒嬌地用手肘推推媽媽說：「當然是媽媽和爸爸囉！」

 **你可以決定**

❶ 選擇你能畢業的研究所

有些研究所畢業條件的難度超乎想像，例如在畢業之前一定要有像是「I」級的期刊文章才行；或者是在畢業之前，要有三、四篇以上雙外審文章之類的。一般而言，一篇雙外審的文章從動筆寫到登出，需要一年半到二年的時間，這還是一定要刊登上，你才有機會畢業。

像此類型的研究所，光是要完成期刊刊稿這項畢業條件，就幾乎要占掉研究所所有修業時間。如果是理工類科，或是系所有輔導投稿此類期刊的專門課程及機制，而且學長姐的畢業率也很高，還可以考慮。否則，很容易過度高估自我實力而白讀一場。就算考上了，你都要慎思，自己要不要進入這樣的研究所就讀。

既然想要進入研究所就讀，那麼就要想辦法完成學位。既然要取得學位，就要衡量自己的時間與能力資源，這時想靠運氣畢業，反而是你最不應該考量的。

❷ 協調你的家庭

確定好讀哪一所研究所之後，就要開始協調你的家庭，得到家人的支持與認同。有些家庭事務，例如家事分擔、帶小孩、照顧長輩或家人之類的，就要開始進行協調工作量，或是將此類工作事項簡化。這樣做是為了降低你休學的機率。

　　未來，你正式進入研究所之後，每天都需要一段時間準備課業。研究所與大學不同，每門學科知識量都是加深、加廣，此時若再加上家庭因素的干擾，到最後很容易感到挫折而放棄，很快就會選擇休學，而白忙一場。

❸ 協調工作

　　端視你的修課數量，一般而言，一定會占用你一天的時間。另外，你也要思考一天你要投資多少時間寫學術研究報告。有工作的在職生，就要協調工作。例如，你的工作在高雄卻考上臺北的研究所，你就要思考如何兼顧。可能的選擇會是少修一些課程，或是延長修課時間，以兼顧讀書與工作。

❹ 利用考上的第一個長假進行斷捨離

　　這是近年來很流行的生活方式，對於不必要的人、事、物進行減量，以增加時間在於你想要完成的事情。

　　考上研究所之後，通常會有一個長假，這個長假很重要，你要騰出空間好放置未來研究所的資料，也要減量家裡的物品，以方便打掃。對於一些經常聯絡的人，要告知你未來會很忙碌，可能不能常常聯絡他們。這些你都要進行適度的「斷捨離」，才能增加餘裕的時間，面對未來的研究所學習生活。

1-8 計畫「如何從研究所畢業」

　　相較於其他考生，智宏一直沒有把考博士班這件事放在心上，心想應該不會考上。

　　博士班錄取通知單寄來時，他人不在。妻子接到了通知單，一拆，智宏考上了。第一時間就打了電話，告訴他這個好消息：「智宏，你考上博士班了。這下子，小嬸一定氣死了。」電話那頭的如鈺，樂得像是中了樂透頭彩般開心。

　　「如鈺，妳幹嘛一直跟她比啊！我們過我們自己的日子就好了啊！」智宏的口氣像什麼事都沒發生一樣。

　　「你不懂啦！她就因為小叔有個博士學位，就驕傲的不得了，如果沒有給她一點排頭，她還以為我吃素的。」

　　智宏是有些不情願考上的。但是，真的考上了，內心還是很開心。一方面他的工作環境裡，博士還是少數，說出來還是有些驕傲；一方面，自己在這麼不情願的狀況下，還能考上博士班，也顯示自己有實力。話說回來，也總算是可以跟自己的弟弟一較高下，內心還是有種不自覺的喜悅。

· · · · · · · · · · · ·

　　同樣被錄取的明成，也只有在打開錄取通知單那一瞬間是開心的。

　　「終於，自己也成為博士班的一員了。」

　　那一瞬間，明成好像看見了光明的未來，有條鋪著紅地毯的星光大道正迎接著他，夢想的大學教授，意氣風發的對別人指指點點，成為不可一世的專家。

下一刻，他又清醒了。他回想起之前在面試時，委員們的提問：

「你爲什麼想來考博士班？」

「你剛碩士班畢業，什麼相關資歷都沒有，怎麼能完成你的博士論文？」

「你過去在碩士時發表的文章，是因爲你是直接就來考博士班，除了碩士畢業規定的項目，你還有什麼專業上的學術發表？」

「你還有沒有去考別間研究所？」

「你過去看了什麼書啊？」

「你怎麼會連個專有名詞都定義錯誤呢？」

「你的碩士論文統計方面的解釋有問題，你都沒有發現？你的統計要重修。」

　　……

那天面試時委員們對他的質疑，他無法順利回應。但有一個最重要的問題是，如果完全沒有研究場域，那麼未來的博士論文要怎麼寫出來呢？這才是他內心最痛的問題。

你可以決定

❶ 先了解研究所的學習生態

研究所，顧名思義就是以研究為主軸的學習場所。因此，研究法結合專業理論，就是研究所主要的學習內涵。

碩士班是針對研究方法進行學習，課程名稱通常是「○○學研究」，但到了博士班是針對方法論進行分析，課程名稱通常是「○○學專題研究」。換句話說，碩士班時，你只要會使用研究方法就好。到了博士班，你就要能分析出這種研究方法適用於什麼地方，優缺點是什麼，要如何克服之類。

你進入了研究所，就是進入了研究的領域，是邁向真正專業的轉捩點。這也是為什麼，我們強烈建議，要成為一位專業人士，一定要有研究知能，最好是研究所博士班畢業。

❷ 先了解學術文章的要求

學術文章的形成是有寫作規範，它與平時網路文章、報章雜誌寫作型態不同。最大的差異在於「引用」他人文章的規範與限制。此外，像是學術的專有名詞、學術用的技術能力，也都會包含在內。

一般的期刊稿件字數，大約在 8,000 到 1 萬 2,000 字，這是一個概數，仍要依據期刊種類的要求而有所不同。

碩士論文通常被要求字數在 8 萬字左右，120 頁為原則，以三個變項為主要的科學研究；博士論文則是字數在

10 幾萬字以上，250 頁左右，以四個變項（含）為主的科學研究。以上都是概數，還需要針對實際研究要求為主。

❸ 先了解要完成的畢業項目

進入研究所之後，各校都會規定不同的畢業條件。換言之，你不是只有單純寫論文而已，還有很多像是學術小論文要寫，要投稿與參與研討會，要旁聽學位論文計畫與正式論文口試，要擁有學術倫理證明，有些學校還要求語言能力證明（包括第二外文能力等），以及論文所需要的統計能力等。

❹ 計畫要「如何從研究所畢業」

在理解了研究所的概況之後，你就有心理準備，接下來就是計畫你要「如何從研究所畢業」。以學期時制來設計你可能想到的一切，包含面試時教授提醒的問題、修課時間、讀書預算、情緒出口、休息時間、萬一被別人批判……等，都可以幫助你快速適應研究所的生態。

剛考上研究所的人，如果沒有在入學前的長假做好準備工作，下定決心要「從研究所畢業」，會很容易就被研究所的壓力給壓到喘不過氣來，而選擇休學，或是乾脆就被研究所退學。

第 2 章

完成修課與學術活動

2-1 參加新生座談

　　新生座談時，明成第一次看到了未來的博士班同學，雖然都是生面孔，但也清楚的知道，這些人應該都有來頭，不是某些單位主管，也應該是企圖心很強的人才。由於自己是全職就讀，不自覺的就有了壓力。

　　台上來分享的教授是這所學校畢業的博士，現在是助理教授。分享的過程聽起來很開心，但是聽在明成的耳裡卻多了緊張與不安的情緒……

　　「我現在也是一個孩子的媽媽，在讀博士時，要兼顧家庭和工作，是相當不容易的。通常，我會每天給自己一個固定的時間，利用零碎時間來完成學校的研究報告。每天都想辦法擠出一點點，一個小時也好。不間斷的進行……」

　　「期末報告一定要交，如果沒有繳交，教授通常是會當人。所以，雖然是研究所，但是制度規範還是要遵守……相信大家都是成年人了，一定能做好。」

　　「進入研究所之後，就要趕快尋找論文研究的方向，針對論文進行資料的蒐集……」

　　「好了，接下來就是要分組討論了。現在，就以入學的班別進行分組，那博士班一組……」

　　小洛坐在明成的旁邊，看著明成一直將剛才教授分享的內容記在筆記簿上，她也感覺到一股無形的壓力。

　　此時，研究所辦公室的王小姐正在解說有關於修課與畢業修業規範：

「學校有一些規範要在這裡告訴大家，除了修課之外，還有許多畢業條件要完成，學校會有一本學習護照，上面有各項需要完成登錄，在博士論文考試前，就要全部完成，完成之後才能提出論文計畫口試和學位論文口試。」

「修課要看清楚自己的組別和開課名稱，不要弄錯了。沒有修到規範的學分數，也是無法畢業的……」

「最近要留意註冊通知……開學前三天學校會辦體檢……新進的博碩士生，要上網選課……」

小洛看著明成一直在記，自己卻忘了帶紙筆，又不好跟他借，心裡就更為緊張。正在解說的王小姐一直說，明成一直記，小洛只能對著他們微笑，心裡七上八下，深怕自己大腦一個不留心，就畢不了業了。

 你可以決定

① 有時間應該要親自參加

新生座談是開始進入正式課程的暖身，有關於學術上的經驗和做法，會有資深的學長姐，或是現在學校的教授，進行分享與討論，而不再是著重於融入大學生活、結交朋友、未來生涯等討論。因此，有時間就要參加，使自己能夠有心理準備，早一些融入未來的學術生活。

② 感受研究所氛圍

進入研究所的氛圍也會與大學不同，研究所就是以理論、學術活動、研究等，針對理論的驗證、思維的訓練、

學術論證的交流等進行討論的空間。因此,不只是學習活動而已,更多時間是訓練自己的思維能力與辯證能力,並加深、加廣自身科學研究的能力。因此,在研究所的空間裡,會感受到很濃厚的學術氛圍,以及不斷地自我成長與進步的競爭壓力。所以,提早在這樣的環境裡感受這種無形壓力與有形成長的氛圍,對身心的準備以適應研究所的環境是很有幫助的。

❸ 留意接下來的行政事項

好的開始,是成功的一半。新生座談時,會交代一些有關於接下來要做的行政事項,像是留意註冊期限及是否要參加學校舉行的身體檢查,如果沒有地域的限制,參加學校集體體檢會比較方便,以及留意新生選課事項等。新生入學的要求項目比較多一些,利用新生座談的提醒,避免不必要的疏漏,減少不必要的困擾。

❹ 做好正式開始的預先安排

也許你考上的這所研究所,是你未曾來過的地方。參加新生座談可以提早認識周遭的環境,做好未來正式上課時的規劃。例如實際上的交通測試,如果是開車到校,要走哪一個路線?要停在哪裡?需要進校園通行證嗎?上課的教室可能在哪一區?要搭哪座電梯等等,都可以做預先安排。這樣子,待正式上課的第一天,就可以將時間花在像是到圖書館借書、認識同學及教授等其他的事項上。

2-2 正式修課前一天的準備

　　智宏是一個不喜歡，也不善於比較的人。平時工作對他而言壓力很大，因此，他就想過單純的日子、悠閒的生活，才能平衡工作上的壓力。只是，妻子就是什麼都要比，比學歷、比年薪、比行頭、比小孩、比先生、比收入。

　　暑假這段時間，身為妻子的如鈺不斷地打聽有關於先生考上的這所博士班，有些什麼眉角要注意，比考上博士班的先生還要積極地在準備。

　　舉凡到底要先修什麼課？誰的課比較好過？誰的課很硬？要交些什麼作業？期末報告要怎麼寫？她通通都打聽，一樣也不放過。

　　「智宏，你的課都選好了吧！如果遇到教授，要留下好印象。」

　　「畢業前要投一些稿子，這和我以前讀的博士班都一樣，你要早點準備寫小論文，開學後就投出去。」

　　「智宏，前幾天我遇到了以前的同事，她跟你是同一所博士班，現在還在寫論文。她說現在的博士班不好讀，尤其是寫論文很辛苦的，你要早點準備才行。」

　　隨著時間一天一天在過，從原本的還有二個多月才開學的日子，變成了明天就開學了……

　　「智宏，明天上課要用的東西，我知道、能準備的都放在你袋子裡了，其他的你都準備好了嗎？」

　　「怎麼還在打怪啊！上次新生座談你沒去，也許就錯過什麼

了。現在還不趕快來睡覺。」

「智宏，明天要早點出門，如果塞車遲到就不好了。第一天要準時上課，給教授留下一些好印象。」

「智宏，上課時不知道教授會怎麼問話？好久沒再進入學校讀書了，怎麼你不緊張，我比你還緊張啊！我跟你說，你讀博士時，我都不會吵你的。你就是給我拿到博士學位，好挫挫小嬸的銳氣。」

「智宏，別玩了。快點上床睡覺了。明天還要上課呢！」

活在比較的生活裡，他實在有些無奈。他不是不想拿博士學位，只是這樣被逼著讀，自己反而就不想動了，很想找個藉口明天不去上課，就被研究所畢業好了。

你可以決定

❶ 準備好上課要用的物品

在研究所上課，所需要的物品是一台適合自己的電腦，通常不宜過重。因為上課時有許多教科書與資料已經是沉重的負荷，一台輕盈的手提式電腦，隨時可以上網查資料、做筆記等，是最重要的。當然，紙、筆、書、證件等等，也都要準備好。尤其是面對上課的第一天，最好是萬全準備，認為會用到的先帶上，之後再視情況做實際上的調整。

❷ 交通安排

　　「莫非定律」提到一個概念，日常不出錯，在關鍵時刻一定出錯。事先就做好上課前的交通安排，要使用什麼樣的交通工具？走什麼路線？考量到萬一遇到問題時需要花費的時間，最好是提早出門，寧可早到，也不到遲到。第一天順利早到，會感覺到這學期都會很順利；但若第一天遲到，又有時間壓力，就會覺得這學期很難熬。多留一點餘裕時間給自己，會輕鬆一些。

❸ 蒐集上課的資訊

　　事先查詢上課時間、地點與盤算報告的順序。一般而言，第一堂課都是在自我介紹、討論本學期要上課的內容大綱，還有安排報告議題的順序。因此，前一天就要有一個對於修課報告的安排，也就是先知道上課的地點，之後考量可能想要報告議題的大方向，大約要在學期的什麼時候報告等等，把這些問題先有個想法定下來，之後再依據上課的實際情況進行調整。

❹ 筆記策略的運用

　　研究所的課程內容知識深度是很深的，討論應用層面很廣。因此，對於筆記要有模式，建立一個專屬於自己，能夠可以快速記錄、提取與複習的筆記，有助於在整個研究所學習過程中知識體系的建構。

⑤ 自我介紹

　　簡單的自我介紹，通常會在第一堂課使用得上。依據個人的想法，決定是要走令人印象深刻的介紹，還是平常的簡歷表式自我介紹。在研究所的學習過程中，通常研究生的自主性很高，自由度很大，有時候就算是同一班的同學，也不一定就能在畢業前共同選修到一門課。有的同學是很快就休學，可能連畢業前都未曾見過面。因此，這一項做個簡單準備即可。

　　掌握住上述要準備的要項，基本上在第一天上課，就不會出太大問題，而且，還會有一種好的開始是成功一半的感覺。此種萬全準備好的動作和態度，有助於面對接下來艱難的研究所課程。

2-3 第一天修課的策略

正式開學的第一天，明成早早就到學校。雖然在新生座談時就來過這所學校，對學校有些概念，但仍舊想早一點來熟悉環境，降低緊張的情緒。

大學校園裡大樹林立，鳥叫聲也不時和著微風，他嘗試在紅磚色的校園建築裡建立路線圖，先把可能會使用的場所地理位置弄清楚，像是上課教室、圖書館、餐廳等地點。

另一方面，他也發現要找到系所辦公室和上課的教室並不容易，而且廁所也分樓層。如果要上男廁，就要到單號樓層，女廁則沒有限制。光是確認這一些場所的所在位置，就要花費一些功夫。

他最早進入教室，心裡也有些緊張不安，拿著手機一直滑。同學們陸陸續續的進入教室，大家也像外頭的小鳥叫聲，吱吱喳喳地討論到底哪個位置比較不會被教授點名問候。只是，教室以ㄇ字型的座位排列，怎麼坐，教授那張臉都會正對自己，逃不過教授關愛的眼神。

等待的過程當中，小洛主動跟宜岑聊天：「我是小洛，第一次讀這間學校。妳呢？」

「我是宜岑。我也是。之前空了幾年，因為工作上有進修的需要，才考進來的。」「這所學校不知道好不好畢業？」「我聽說很多學長姐都讀了七年，還沒畢業。」

「可以修業幾年啊！」坐在旁邊的娸娸也加入討論。「我想要盡快畢業，反正我在進學校前，就已經把畢業論文寫好了。」

小洛和宜岑聽了好吃驚，怎麼會這麼快就完成博士論文了。

「妳打算多久畢業？」小洛狐疑地看著她。

娸娸斬釘截鐵的說：「三年。」

一旁的學長突然大聲地笑著：「學妹，不可能。」小洛和宜岑轉向看著學長。「這個博士班規定全職生最快三年半，而在職生要四年才能畢業。」

小洛忍著笑意，話峰一轉問學長：「你是？」

「我是博二的學長，因為之前有事情，無法修這堂課。」「這堂課是必修。」

「學長，請問這堂的老師如何？」宜岑接著問學長，心裡有些忐忑不安。而旁邊的同學們都豎起耳朵聽著⋯⋯

大家完全沒有注意到誰來了，誰沒來。

同班的智宏睡過頭了，索性就不到校上課，又不知道要跟誰請假，直接擺爛的放假一天，完全沒有要趕上下一堂課的動作。

你可以決定

❶ 建立下次上課的心智與實際路徑圖

第一次到校上課，通常會因為陌生的環境而感到壓力，這是正常的心理狀態。為了減少壓力，最好的方式就是為第一次到校上課設定目標，作為建立下次上課的心智與實際路徑圖。這樣的做法，可以有效轉移你對環境感到陌生、不熟悉、無法控制的壓力，還能夠為下次到校上課做好準備，減少認知狀態的準備時間。

❷ 去一趟你可能會使用到的硬體場所

　　像是系所辦公室、上課教室、圖書館、吃飯場所、運動場、教務處、學務處、教授研究室、可以影印的地方，以及可短暫休息的空間、廁所等等，能具體走一遍，概括性地知道在哪裡，增加一路順遂的感覺，久而久之身體就會不自覺地覺得做什麼都順利。日後要使用時，空間記憶提取就會有心理準備。

❸ 與可能會接觸到的人進行第一次見面

　　有些人是你經常要打交道的，像是主管你研究所行政資料的承辦人員、申請畢業證明書的教務處室人員、圖書館借書的工讀生，甚至是餐廳的阿姨，他們是你未來重要時刻的貴人。第一天去做個禮貌性拜訪，打好未來需要協助時的人脈基礎。

❹ 第一天修課做好準備

　　第一天的修課準備，包括上課教室的區域大致在什麼位置，並知道使用規範。像是是否要先借教室、借教室的使用規則是什麼等等。

　　現在的教室通常都配有電腦系統，像是電子白版、運用電腦放映影片之類的。這些設備一開始使用時會有一些挑戰，像是開關流程的差異、到底要按哪些按鈕等等。有時會因為一個按鍵操作錯誤，就延誤上課 30 分鐘，甚至有些研究生會認為延遲越久越好，這樣才不用上課，其實不是好的想法。

　　這些看起來微不足道，但是它很重要。一開始就困難重重，一旦真的在上課時發生困難，也就會加重困難度的感覺；一開始就順利時，大家也會在心理與生理上準備好，上課也會很順利，心理一輕鬆，表現就會比較好。

2-4 整體配課的安排

　　每一門課程的第一堂課，教授就會與研究生針對這學期的課程綱要進行討論，而且要安排課堂報告進度和訂教科書。

　　小洛想著什麼議題對她而言資料比較好蒐集，同時是她有興趣的，這樣子比較能少花點時間，快一點完成。

　　宜岑是猶豫不決，選這個也可以，選那個也可以。但是又考慮到自己對這個議題又不算熟悉，對那個議題也不怎麼感興趣，就是覺得下不了手。

　　明成是以時間來決定。一個學期就十八週，前三週不要、後二週也不要，盡可能的平均分配，再加上自己可以有把握完成的議題。

　　其他同學也各自有些想法，不過，大家大約都在第一週就決定了自己要報告的議題。第一週請假沒來的同學，只能挑人家剩下來的。所以，幾乎每門報告，只要有人沒來，那麼第一次報告或最後一次報告，就留給那位沒來的研究生。「今天有誰沒來啊？」突然有位同學大喊著，大家面面相覷，因為不認識，也不知道誰沒來。

　　班長回應教師：「是叫陳智宏的，他沒到。」

　　教師看著點名單說：「怎麼這麼不禮貌，沒來上課也沒請假。各位同學，沒來上課要事先請假，如果這學期有超過請假次數，就被當了。」大家頓時都安靜了下來。

　　「現在，老師要講解規範，同學們要注意聽了。」

　　「這學期期末報告沒交、期末報告抄襲、請假超過三分之一，依據學校規定，就會被當。」

　　「考試沒過、作業分數沒過，依情節扣分。考試通過、作業分數、上課表現，也依情節加分。」

　　「歡迎各位退選。」大家都安靜下來。心裡想著，這是必修課，怎麼退選啊！

　　「接下來，就來討論本學期課程綱要……」直到下課鐘響，多數人都是靜默。「班長，把這門課的修課要求轉達給沒來的同學。」「下課。」教師一離開，大家就七嘴八舌地評論起來。

　　班長突然開口：「哇！這老師可真嚴格，我大學老師都沒這麼嚴格。簡直跟讀國中升學班一樣了。」

　　宜岑有些懊惱地說：「怎麼辦，我好像把所有報告都集中在同一天了。」

　　小洛用不可思議的眼神看著她：「不會吧！妳找死喔！妳千挑萬選，就選了個全集中在同一天的報告，跟別人換吧！不然，這老師跟閻羅王一樣，不小心，就要投胎重修了。」

　　「小洛，妳別講了。」宜岑不情願的離開教室。

你可以決定

❶ 認真看待每一堂課

研究所的每一堂課都很重要。例如第一堂課會說明課堂規範與研究生權益。很多研究生會認為第一天上課沒有什麼，可能只是講講閒事、自我介紹認識一下、訂書等等無關緊要的作業。但是，在研究所上課，通常第一堂課就會在半正式的狀態下，進入正式的課程，包含報告、繳交作業，以及各項重要的課堂規範與研究生的權益。第一堂課不到的同學，就可能導致無法跟上學期進度的快速腳步。有些人認為無所謂，有些人則覺得很不順遂，但多數會有緊張跟不上的感受。因此，最好認真去上每一堂課，做好筆記，為接下來寫論文蒐集好需要的資訊。

❷ 學期配課安排的原則

有些課程內容是很硬的，要交的報告份量很多，要做的論述需要很廣，要展現的是強者、傲者的風骨。因此，要透過配課的方法，來調整自己一學期的修課，這樣做可以提高修課效率，不至於一整個學期都感受到水深火熱的學習壓力。

配課時應該採取先苦後甘的原則。舉例而言，如果在大學時就對統計很有興趣，在碩士班時，統計也算是自己能輕易駕馭的學科，那麼博士班的修課，就可以把統計課程安排在一堆「硬課程」之中，作為減壓課程。一般而言，先以三分之二為硬課，之後再慢慢享受輕鬆課程，這

樣子就能有苦盡甘來的感受。

❸ 學期報告時間安排的原則

研究所上課的所有研究生，都要上台報告。研究生要有計畫性的安排，不要一整天上的課，全都是自己報告，如果還碰上有繳交期末報告，就都會倍感壓力。假設那天臨時無法上課，就會變成一個學期的上台報告你都沒有完成，無形中給自己很大的壓力。可以三等份進行分配，先重後輕或先輕後重的原則，使有小喘息的機會。

❹ 預防休學的第一個時間點

有拿到學位的碩、博士，通常他們會認為修課是這段研究生涯裡最容易渡過的。但對於剛進入研究所，要適應高壓力研究生活的研究生而言，需要很大的調適能量來面對和克服學習壓力。

第一學期是研究生最容易休學的時間點，研究生會因為沒有調適好，加上工作或是家庭、身體的壓力，就選擇走上休學這條路。

我們建議研究生，要能把握住每一個關鍵時間點，做正確的思考與行動，形成有效率的學習循環，才不至於半途而廢而後悔不已。

2-5 修課報告的規劃與設計

　　班長聯絡了智宏，要他好好準備報告。智宏不怎麼在意，覺得博士班應該是很好過日子的。

　　「同學，下次來上課時，找我拿課綱。」班長在通訊軟體裡通知了他。

　　「班長，直接拍照傳來。」

　　「你沒來又沒請假，老師很不開心。」「這學期的報告很多，心理學還要期末考。」「皮要緊一點。」

　　智宏在通訊軟體傳了一張吃手手的表情，接著又寫著：「有上台報告、期末報告和考試。」

　　這下子換班長給他一個小心的表情，接著寫道：「你沒來，把剩下的議題留給你。」「快準備，下週就換你報告了。」

　　「我是第一個？」

　　「誰叫你沒來。」班長貼了一個無可奈何的表情：「趕快做報告。」「別混了。」

　　因為第一堂課沒到，智宏成為第一個上台報告的研究生。大家都以他為定錨的對象，做得好，抄他的；做得不好，以他的報告作為修正的榜樣。他沒有想到第一堂課沒到的下場這麼嚴重，大家全張著大眼，看著他如何報告。

　　「今天是誰報告啊？」

　　「老師，是我。」智宏舉著手回應。

　　「怎麼沒有先附上書面報告給大家呢？」

　　「我……」

　　「報告老師，智宏有把報告上傳到群組裡。」班長急忙幫他緩頰。「老師，我現在立刻上傳至課堂平台上，這樣老師您也可以看到了。」

　　「課綱裡的修課要求怎麼寫的？」大家一片靜默，沒有人敢出聲。過了一分鐘後：「等一下報告完後，大家要發問，不然，就換老師問大家了。」「報告吧！」

　　在下課前，除了智宏的報告之外，大部分的同學都安安靜靜的。雖然有幾位同學問了問題，也被教師反問回去。

　　第一次正式報告，大家都不好過。

　　「下週要交這堂課的報告。上課前就要由班長收好，沒交的就不用再交了，這次報告就零分。」「好了。祝各位這週過得愉快。我們下次課堂上見。」

　　一下課，智宏情緒久久無法平復，而大家都累癱了。班長嘗試著解嘲：「恭喜你，報告完了。」

　　「是啊！我看我這門課也要完了。」智宏搖搖頭，一瞬間大腦又浮現自己剛剛一問三不知的窘態⋯⋯

你可以決定

❶ 平時上台報告的準備

　　研究生在面對研究所可能會發生的問題，都要盡可能有所準備，面對問題時才能處之泰然。上課被問到答不出來是正常的，每位教授對於自授的學科都是專家，研究生被問倒，不代表研究生不努力、認真，而是教授透過問題

引導研究生深入思考，追求知識的深度理解。在這樣的情況下，若有同學落井下石、酸言酸語，很難不在乎。最好的方式，就是轉化成為推動自己向前進的動力，以此來激勵自己完成學位目標。否則，很容易因為這些小挫折而產生休學的念頭。

❷ 書面小報告的寫作

各種繳交報告要求，仍要以教授規定的要求為主。一般而言，課堂平時的書面報告不會要你寫太多，多數是一張 A4 尺寸，透過短文練習理論應用。有時遇到自己不熟悉的議題，需要花時間去思考組織答案。有些研究生認為這種報告不過是寫心得，以隨便寫寫就好的心態進行。長期累積下來，很容易導致未來寫論文時，產生寫不出來的問題。

❸ 考試的準備

現在的研究生會花很多時間在期末報告裡玩花樣，例如下載別人的研究報告，修改一下就交稿，導致教授還要花時間比對是否抄襲，而有些研究生不爽，反而透過教學評鑑問卷反向制衡教授。研究生的小動作，使得許多博士班的教授改以考試作為評分標準。因此，現在的研究所也會考試，而且，考試的內容與結構也很多樣化。考不過時，還有可能面臨被當掉。

遇到考試，一定要花時間準備，好好讀書。準備的方式是，如果是申論題型，要以課堂的內容和教授發表的

文章為準備要項。如果教授是多產型的學者，也就是發表的文章很多，那就以三年內的文章為主。如果是傳統型，有填充、選擇、問答，就一定要精讀教授的課程內容，否則，很容易導致考試不過的情形。

❹ 期末報告的寫作

　　幾乎所有研究所的課程，在最後都會要求研究生繳交期末報告。有些研究生會以工作太忙、課業太重為由，隨便繳交一份期末報告給教授。還有研究生會一份報告改成多份報告交出去，也就是一學期修四門課，結果只寫一份。更有甚者，所有的修課期間都以這一份資料為主，根本就沒有好好的找資料寫研究，還開心自己很厲害，拿了高分。另一種是抄襲，直接拿別人的報告修改成自己的交出去。

　　這些做法都是拿自己未來的時間在使用。論文寫作需要大量的練習，平時的期末報告就是最好的練習。如果不花時間去找資料，習慣論文格式，等到要寫學位或學術論文時，才會發現自己根本就寫不出來，還要指導教授重新教學，這時你就會落入自己設下的陷阱，無法寫出學位論文。

2-6 強化自我心理素質

　　一副盛氣凌人模樣的娸娸看到智宏被教授海 K 成這樣子，一點也沒有表現出同情的態度，反而自視為是教授代言人一般，開始 K 對方。

　　「報告做成這個樣子，是怎麼考進來的？」

　　小洛聽了很不爽，酸了回去：「妳管好自己就好，還有時間去管別人怎麼考進來的。不然，所有的報告都妳來負責好了。」

　　宜岑也想出口氣，酸了娸娸：「才剛進來博士班就以為自己是教授了。下堂課跟老師說，都由她來報告好了。」

　　其實，不只有智宏表現不佳，其他同學也好不到哪裡去。

　　只是，接下來的課程沒有最重，只有更重，每堂課都令人如坐針氈，神經緊張。漸漸的，多數同學都覺得自己學得很辛苦，同樣都是講中文，就是無法理解教授在說些什麼；同樣都是中文資料，就是無法理解內容在寫些什麼。往往一堂課下來，能抓住一點皮毛就不錯了，更別說什麼能與教授在課堂上進行研討會式的對話。

　　宜岑私底下跟小洛抱怨著：「小洛，每次上課前一天，我都好緊張，前一晚都睡不著覺。」

　　「妳以為只有妳啊！大家都一樣。」宜岑沒有想到小洛會這樣回應她。她在課堂上觀察小洛，她的表現看起來都很鎮靜，中規中矩的，原來她的內心裡也是很緊張，並不像外表那樣子冷靜的。

宜岑接著說：「我根本就不知道自己準備的報告是否符合要求，只求 60 分通過就好了。」

「喂！江宜岑，妳醒醒吧！60 分就當掉了。研究所的基本分數是 70 分，所有的分數是一定要有 70 分才行的。」

「蛤！是嗎？」宜岑整個人都失了魂。

「是的。無論是上台報告、繳交的期末報告，都要 70 分以上，不然會被當掉的。」小洛雖然也沒好到哪裡去，但為了求能在博士班生存，實在沒有力氣再胡思亂想。

「研究所還會當人啊！」宜岑突然想到了學校那位博士楊老師，覺得她好厲害。

「當然啊！妳以為妳考進什麼學校啊！妳以為是在讀大學啊！這是博士班，不只如此，妳沒注意看，還有期末筆試呢！」

「不會吧！還有考試啊！我的天啊！怎麼這麼難啊！」

你可以決定

❶ 做好被批判的心理準備

在修課前就要做好今日課堂上一定會「被批判」的心理準備，被批判是必經的過程，就算教授或同學不批判你，你也會批判自己，認為自己做得不好，或是別人做得比較好。由於研究所的課程不比大學的輕鬆自在，也不像你已經能適應的職場生活。進入研究所就等於離開自己的舒適圈，會因為環境改變而感受到壓力，又加上要增加理解能力及思維運作能力的過程。因

此，學習接受它而後做好心理準備，會使自己好過一些。

❷ 專注目標並解決問題

　　研究生的學術軌道是自己跑出來的。有些研究生表面成績風光，實際上卻論文寫不出來，導致畢不了業；有些研究生不斷地在求學過程強調自己很強，到最後卻受不了自己無法很強的事實，只好用休學解決問題。面對任何批判要仔細分析，如果批判的是自己學術寫作的文章，那麼就要虛心學習，專注在將學術研究做好，未來寫出一本能使自己畢業的論文；反之，如果針對的是人身攻擊批判，必要時要制止對方，以解決別人不當地將自身的情緒壓力藉由課堂批判的機會，轉嫁到自己身上。

❸ 建立學習過程的小確幸

　　研究所求學的過程，短則二年，長則十年。在漫長的歲月裡，如果只活在學業壓力與批判的生活當中，是無法持久的，最終不是走上休學的路，就是放棄學位。因此，建立學習過程的小確幸，像是完成一份期末報告，就去吃大餐；或是今天報告獲得教師讚美，就寫下來反芻自己，在感到挫折時，能夠作為自己堅持下去的信心來源。

④ 縮短研究生涯的痛苦期

　　這麼痛苦的求學還能存活下來，未來再痛苦的歷程也能走過去，這或許就是大部分走過來的人覺得值得的原因。由於過程很辛苦，因此，不建議把痛苦期拉長，而應該要縮短研究生涯的痛苦期，讓自己盡快從研究所畢業。碩士在職生應在三年內畢業，而博士在職生則應在五年內拿到學位。一旦超過這樣的求學期，畢業的動力就會減弱很多了。

2-7 布局未來論文研究方向

　　課堂上，教授問起了明成未來的研究方向，他提到自己打算研究進行國小的課程實驗。就在他報告完之後，教授開始問他一些問題：

　　「明成，你現在是小學教師？」

　　「不是。我是全職生。」

　　「那麼，你去哪裡找國小班級讓你做實驗？」

　　「老師，我想請你介紹。」

　　「所以，你不但不是國小教師，你連相關的研究場域和人脈資源都沒有，還要老師給你介紹？」

　　「……嗯……」

　　「既然你不是國小的教師，你還想要使用實驗研究法來進行課程。那你有教師的證照？」

　　「老師，我是全職生。目前沒有教師證。」

　　「那你是未來會拿？」

　　「老師，我沒有修小教學程。」

　　「所以，你既沒有小學班級可以研究，也沒有人脈可以協助你，你自己也不是教師，卻要進行課程實驗。請問你，你要怎麼完成研究計畫？」

　　「所以，我才想要請老師幫忙。」

　　「你認為老師要怎麼幫你，你才能完成你的研究計畫？」

　　「……嗯……」

　　台下的同學們安靜無聲，大家都沒有抬起頭來，自顧自的裝

忙，只有媜媜在台下嗤之以鼻地笑著。

「老師，他時間那麼多，應該多指派一些報告給他做才對。」媜媜完全沒有想要幫明成，反而在課堂上落井下石。

「既然妳意見那麼多，不如妳來做，讓大家看看，下堂課妳來報告。」這下子大家全都抬起頭來，看著媜媜尷尬的臉，突然間大笑了出來。

引火上身的媜媜只好傻笑著說：「老師，我是想要幫明成的。」

「我知道，而老師想要幫妳。下堂課報告的人延到下下一次。下次上課，就由媜媜來報告。」「明成，你要好好思考你未來要研究的議題和方向，趕快準備。」「下課。」

教師像一陣風一樣，又飛出了教室。留下了憤憤不平的媜媜、大家的笑聲和明成的苦悶。

你可以決定

❶ 為布局研究議題考慮增加現有資源

在研究所修課的過程中，就要尋找到未來畢業論文可以研究的議題。一般而言，研究議題會受到許多的研究限制。例如沒有可以實驗的地方，研究議題卻一定要使用實驗研究法才能完成，那麼要寫出學位論文就會有很大的困難，甚至可能因此就畢不了業。因此，要盡力在修課過程中考量到現有資源，若有不足，就要趕快增加資源。

❷ 為布局研究樣本而擴大現有人脈

　　如果你想要研究的是具有「特殊性的人物」，那麼，你就要「有能力認識他」，經由他的認可、同意，才有機會研究。如果只是紙上計畫想著要研究某某學者，計畫了半天，對方完全不同意，那也是白忙一場。還有的是自己根本不具備任何研究人脈關係，卻幻想有人會提供自己「想像中的研究樣本」，就像是上述的研究者，那也是在作白日夢，失敗率超過於成功率。因此，要盡快在修課的時間內確定自己可研究的樣本。若不確定，就要趕快布局人脈關係，以備未來需要時能有所助益。

❸ 為布局研究方法而思考未來真正能用的研究法

　　並不是所有的研究法，研究生都可以使用。許多研究生誤以為自己想要實施問卷調查，別人就一定會幫忙，等到研究時才發現回收的有效問卷太少（一般而言回收率需要 80% 以上），而形成研究上的極大問題，最終可能導致需要再重新修正研究計畫的嚴重後果。還有的是明明沒有研究場域可以做實驗，卻天真的想要天上掉下來一個研究場域，好讓自己實驗成功，這也是為什麼研究生寫不出論文，而導致研究失敗的原因之一。因此，在修課時，就要思考未來可以使用的方法，並考量到未來研究場域的限制，趕緊做好準備。

4 為準備研究計畫而在修完課就有具體的研究方向

有些研究生是與上述完全相反，這種研究生超級好命，擁有各式各樣的研究資源，也具有明確的研究場域，任何的研究方法他幾乎都可以去做，唯一的問題是，他永遠都不確定自己到底要以什麼研究作為最終研究的方向。這種研究生是研究的條件太好，以至於不知如何抉擇。因此，在修課期間可以參考自己最有興趣，或是哪一學科分數最高，哪一篇學術小研究分數最高，或者是研判對自己未來最有發展的研究議題來進行。千萬別浪費大好的條件以及時間，應該善用自己的優勢，盡快選擇好研究方向，做好準備。

2-8 修課時建立研究資源的策略

　　由於課堂上教師對明成的批判實在是到位，一針刺進了他的心臟，使他感到害怕。所以，對於任何的聚會，他覺得無用的社交活動，都拒之千里。

　　「明成怎麼都不來參加聚會啊！」

　　「他啊！可能又再蹭著哪一位教授了吧！怎麼會看得起我們呢？」

　　「他是全職，報告還寫成這樣。時間這麼多，都在玩啊！」

　　「就是啊！我還以為他多屬害。」

　　「根本就不用功。」

　　同學們的酸言酸語，聽在明成的耳裡，完全起不了任何作用。

　　明成是全職的研究生，進入研究所之後，雖然比一般研究生有更多的時間可以進行研究，但同時，他也因為沒有工作，不像一般在職研究生能擁有許多研究資源。

　　「這次老師點醒我的痛點，再不去面對問題，恐怕會沒有時間了。」

　　其實，明成早在修課前就發現到這個嚴重的問題，他很清楚的知道，這將是影響他能否順利畢業的最大關鍵。

　　「沒有研究場域，就不可能有做研究的地方，那就不會有研究題目。更何況自己是全職，沒有人脈資源，怎麼能寫出一個研究？那麼，就算自己修課時拿再高的分數，老師再怎麼喜愛，卻畢不了業，也是空談。」

看著那些在職同學們，可以輕易拿自己的職場作為研究場域，取得研究樣本，他就明白一切都是公平的。

「我空有時間，沒有研究資源也無法完成畢業論文。那些同學雖然羨慕我有時間可以全職讀書，但他們卻擁有研究資源。」

「如果想要順利畢業，現在就要把時間花在努力建立研究資源。」

「但是，去哪裡取得研究資源？」

明成一直很苦惱，他內心清楚知道，如果現在不積極去尋求研究資源，等真正要寫論文時，就會後悔為什麼現在不努力、不積極。

你可以決定

❶ 善用職場或重新建立研究場域

如果可以利用現有職場進行研究，而不受到研究倫理的限制，也不受到職場的限制，那麼就要與相關人士溝通是否可以進行研究，好好珍惜已擁有的研究場域；反之，如果完全沒有研究場域的研究生，一定要趕快利用時間建立可能的研究場域，例如想要使用觀察法對一個研究場域進行現象觀察，就要確定未來在進行研究時，不會臨時受到任何因素的限制。實際上，建置一個可以研究的場域，可能要花上一、二年的時間，平時修課時不積極尋找與建立可能的研究場域，就會為日後埋下畢不了業的後果。

❷ 利用機會蒐集研究文獻資源

　　在修課期間，要學習使用資料庫及搜尋研究文獻資料的方法，並養成蒐集及研讀資料的習慣，同時要利用各種機會，蒐集未來可能會用到的文獻資料。例如研究生想要參考某研究論文的架構，如果可以在修課期間就找到這本論文，未來在研究時就會輕鬆一些；如果在修課期間沒有找到這本論文，而對方又要幾年後才開放電子檔，那麼就會延誤完成學位論文的時間，造成很大的困擾。

❸ 利用各種機會建立學術人脈資源

　　任何研究都脫離不了人脈關係，例如結識未來可以訪談的對象，或是調查的對象，甚至可以是協助完成論文的貴人。利用修課期間多結識一些學術人脈關係，透過學術管道像是研討會等進行交流，對於建立研究資源會有很大的幫助。例如將來的論文要使用德懷術，需要約 20 個專家進行意見的提供，缺乏學術人脈關係資源，恐怕無法完成此類論文。

❹ 降低研究失敗的風險

　　任何研究都要花一段長時間才能執行完成，掌握「天時」這件事情就顯得很重要。在撰寫這本書時，正好遇上新冠肺炎的疫情肆虐，以至於很多跨國際、區域的實徵研究受到了限制，研討會舉行量也減少。不僅如此，在疫情嚴重時，像是實際面對面的訪談也只能改成視訊方式，雖然可以透過變通方式處理，但是不及親自面對面，真實地

看到，透過雙眼精細地進行微觀的觀察所達成的效果，也可能因此而被拒絕訪談。所以，有時費盡心力建構的研究場域，可能因一時的天災、人禍等風險因素，而導致無法如願進行研究。唯一可以避免的方式，就是儘量提早做完研究，將風險因子降至最低，才不至於影響畢業，得不償失。

　　此外，可控制的研究場域及研究資源，不僅要花錢，更重要是一定要花時間才能建立起來。缺乏研究場域及研究資源的研究生，一定要善用時間及早準備、提早完成，才不至於影響日後的生涯發展。

2-9 明確了解畢業要完成的條件

　　娸娸怎麼樣都不想放過明成，一天到晚明成長、明成短的。

　　宜岑實在無心聽娸娸一直在談明成，覺得煩心，轉了話題：「那天我看系上通知要舉辦研討會，說什麼完成參加的人，可以到系辦蓋章之類，這是什麼啊！」宜岑還搞不清楚到底博碩士班畢業要完成什麼項目要求。

　　「這是畢業條件之一，妳不知道嗎？」小洛以為宜岑全部都知道。

　　「我現在還不是很清楚，畢業條件有些什麼？」宜岑有些困惑地問著小洛。

　　小洛問她：「妳新生座談沒來？」

　　「嗯！我想說那不重要。」宜岑還不以為意。

　　「我也沒來。」智宏也這樣說。

　　「那天就講了關於修課和畢業條件的要求。一定是要發表文章，還有要注意修課的課程名稱等等，就是不要因為修錯課，結果無法畢業。」

　　「修錯課？不懂。」娸娸問了小洛，開始緊張起來。

　　「就是有一位學姐，因為修錯課了，結果要資格考時才發現不符合資格，又多花一學期才把學分修足，她才能資格考。是新生座談時，來講解的王小姐說的。」

　　「我也不懂。」宜岑完全無法連結到底是什麼意思。

　　「就像是要求的學分是性別心理學，結果學姐可能選成性別教育心理學。因為名稱不同，又太過接近，又是必修課，又沒有

注意，只好再花一個學期補足學分。」

「啊！這麼嚴重，我都不知道。」娸娸嚷嚷著說，好像新生座談大家都沒來一樣。

小洛覺得她很失禮，小聲地說著：「誰叫妳新生座談沒來。」

「新生座談又不是每位博士生都會來。而且，我有事情啊！」「我不管，就是把系辦的王小姐找來就對了。班長……班長……幫幫我們。」

「原來不是寫完論文就能畢業的啊！」智宏好像還沒有進入狀況。

「同學，我看娸娸說得也有幾分道理，你到底是怎麼考進來啊！」小洛苦笑著看他。

「的確很重要，還是請系辦王小姐仔細講解一次，避免到時候出問題。」班長的提議大家都很贊同。

你可以決定

❶ 明確清楚畢業條件

研究生很容易認為畢業條件只有「修課」和「寫論文」，而忽略到學術活動的要求。學術活動又可細分如參與外部的研討會、投稿期刊、參與論文發表或口試等的活動。你要做的是，弄清楚修學分的規定與限制，以及參與學術活動的規定與限制。舉例而言，你所讀的研究所規定要修多少學分，其中某些學分一定要是必修、選修、組修

（也就是你這一組規定的學分），這些規定是死的，不可能為了你而改變規定的，請一定要依據規定去修課。另外是參與學術活動，為了要證明你有參加，學校會要求必須符合證明。因此，要弄清楚學校證明的要求，不要費心參加，卻不符合規定，而無法被學校承認，導致時間上的浪費。

❷ 安排修業年限完成事項

　　研究所除了修課之外，還有許多學術活動要參加。因此，你需要把這些學術活動的要求項目，一一地安排在修業時完成。這些學術活動的項目完成時間，也要配合學校規定。舉例而言，如果學校規定在提論文口試時，就要把所有要求參與的學術活動都完成，才能提出口試，你就要依據這個規定提早完成。最好的方式，是在修課期間內，就將要參與的學術活動都完成，才不會導致要邊寫論文，還要一邊參加學術活動，而有後顧之憂的壓力。

❸ 有疑問要問對人

　　對於系所要求的畢業條件規定，研究生千萬不要道聽塗說，這樣反而害了自己。最好是向系所的辦公室承辦人員請教收件審核的方式，因為你是否符合規定，都是由承辦人依據你所提供的資料而審核判定。所以，問他最準確。有些研究生問錯了人，反而在送件審核時被退回，而導致要再花時間重新來過。有時間再來回送件完成還好，若已經卡在畢業年限或未來求職時效，就會影響到自己的

生涯發展。因此,有任何針對於研究所畢業條件的規定,一定要去問最終審核人的審核標準,才不至於出問題。

④ 不存僥倖的心理並留意未完成的嚴重性

大部分的研究生都很聰明,但有時會仗著自己的聰明智慧,而誇大了自己的能耐,以為反正有去做,就算與規定有出入,也可以憑自己批判的一張嘴達到目的。此種僥倖的心理,往往會害了自己。任何事情可以早做,就千萬不要晚做;可以多做,就千萬不要少做。因為,這些畢業條件規定都是死的,如果出了差錯,那麼審核的人就可能受到行政上的處罰。所以,行政人員必須要一視同仁,依規定辦理。研究生一定要留意這些規定與要求,使自己在任何階段申請時都能順利。

2-10 結緣可能選擇的教授

　　進入研究所之後，要解決的問題從沒有停過。

　　就算大家日漸適應課堂型態，也理解畢業條件，接下來還有好多問題要解決。指導教授的人選，就成為現在班上最熱門的話題。

　　宜岑已經畢業多年了，雖然平時在當主任時，也接觸過一些教授，但是都只能算是點頭之交，沒有後續的來往。現在進入博士班面臨這個問題，完全不知如何是好，她不知道該選誰，就算是心裡急，也不知如何行動與抉擇。

　　同學們下課後相約去喝咖啡，聊聊近日上課的點點滴滴，她也跟著大家一起去，想聽聽看大家會怎麼選擇未來可能的指導教授人選。

　　班長說：「我本來就是林教授的學生，因為過去在研究所時，他就是我的指導教授，我想現在讀博士班，還是以他為主。」

　　「可是林教授就一定會同意嗎？我聽說他很搶手，如果沒有在一開學就跟他談好，現在可能名額早就滿了。」娸娸有些不以為然地說。

　　宜岑完全不認識林教授，也沒有上過他的課，只是一直聽到別的研究生說林教授很好，找他一定會畢業之類的。現在，再聽同學們這樣子說，看起來是真的了。

　　「我早就超前布署了，要考博士班之前就與林教授約好，如果考上了，還是選他，他也答應了。」班長自信滿滿地喝著星冰樂。

「小洛，妳有什麼打算？」宜岑想要聽聽看她的想法。

「原本我也是以林教授爲第一人選，大家都說找他一定可以畢業，可是我完全沒有上過他的課，萬一不合怎麼辦。最近上了王教授的課，覺得王教授也很風趣。而且，她給了我很高的評價，我想，我可能會選她。」小洛看起來好像篤定了王教授。「宜岑，妳呢？」

「我啊⋯⋯沒有定案。」

「跟我一起去找王教授啊！妳也有上過她的課啊！」

「我再想想好了。」宜岑沒有給小洛答案。

宜岑回想起之前上王教授的課時，王教授都會針對別的同學故意挑毛病，給那位同學打的分數也很低，但是她認爲，那位同學的作業都沒有不好，感覺上王教授好像故意針對他。另一方面，自己直覺上也沒有很喜歡王教授，有時候根本就不知道她在說些什麼，還是再想想好了。「什麼時候要確定指導教授？」宜岑問了大家。

「下學期就要確定了。」班長說：「我已經問過系辦的承辦人了。」

「還有一段時間，我再想想好了。」宜岑看著小洛，有些猶豫，內心突然想到，不知道明成會找誰當指導教授⋯⋯

你可以決定

① 觀察教授的教學風格適不適合自己

　　每位教授的指導風格不同,有些教授直言以對、一針見血,使研究生心生畏懼無法接受;有些教授溫柔婉約、改來改去沒有定案,使研究生無所適從。這些教授的指導風格都會在教學過程中呈現出來,研究生一定要謹慎地仔細觀察,做出最適合自己的決定。

② 了解教授的研究背景

　　雖然都在同一個系所,但教授們的專業仍有所不同。例如有些教授的背景是心理學取向,擅長的是統計分析與實驗研究;有些教授則是社會學取向,擅長的是質性研究的方法學,這些特點都會呈現在教授們所發表的學術文章裡。研究生在選擇教授時,要考量到自己未來可能的研究取向,從閱讀教授發表的文章了解教授的研究背景,加以判斷是否適合指導自己的學位論文。

③ 適度地聽取學長姐的意見

　　進入到指導關係之後,就是指導教授與研究生之間的問題。學長姐的意見可以作為參酌,但不宜完全採納。有些時候是研究生自己的問題,而導致無法完成學位,卻把責任推給指導教授,而在私底下做出對自己有利的批判。為了不被誤導,最好的方式還是多方觀察,像是教授指導研究生的實際畢業率、研究生平均幾年畢業等,採納各方的建議,選擇適合指導自己的教授。

④ 心有所屬要盡早決定

　　研究生也要考量到，教授也會挑選適合於自己指導的研究生。有些教授在收研究生之前，會透過各種方式測試研究生的程度；有些教授則是會在課堂時，觀察研究生是否適合自己，甚至主動示好，搶手的教授也可能在你決定前早就額滿。因此，考量之後，有心有所屬的指導教授時，要盡早做出決定，開始建立指導合作的關係，以免向隅而失去最佳人選。

⑤ 慎選後絕不輕易更換指導教授

　　選任論文指導教授，在讀研究所過程中是很重要的決定，這個決定會影響到研究生如何畢業、多久畢業等問題。在選任前，研究生有很多機會與時間可以考慮合適的人選。一旦選任之後，就要能接受指導教授的指責與批判，接受其意見，千萬不要與教授簽了指導同意書之後才反悔。更換指導教授是大忌諱，寧可暫不決定，切勿盲目決定，千萬別為自己帶來不必要的困擾。

2-11 校內論文發表會

　　學期中時，小洛約宜岑去參加學姐的校內論文發表會，這是系上規定的畢業條件之一，一定要登錄在學術活動紀錄護照裡。

　　「不聽不行嗎？」宜岑最近為了適應博士班的生活，有些心累，不怎麼想完成。

　　小洛倒是比較積極：「反正呢！現在能完成就先完成，學術護照裡要求什麼項目，我就完成什麼項目。」

　　這學期都快過半了，宜岑到現在只修了課程，其他的有關畢業條件的要求，她一項也沒有完成。反觀小洛學術活動紀錄護照裡的要求，已經完成了大半。

　　台上的學姐正在發表自己的論文，發表會的教授指出了她的一些問題，像是研究問題要在研究結論裡對應著回應；APA 格式要寫正確；發表時 PPT 不要太多張，簡單講重點就好了。於是要她回去修正。同時，也不斷地提醒在學的研究生，一定要把護照裡的項目都完成了才能畢業。

　　「小洛，學長姐的校內學位論文發表會，他們好像都已經寫完了。」

　　「怎麼了嗎？是校內學位論文發表會，當然要寫完啊！」宜岑覺得理所當然。

　　「不對啊！現在才開學一半，就要把論文全都寫完，才能申請發表，那不是整個暑假都要寫？」

　　「學妹，不一定，但大部分都要寫完。」文華學長突然出聲：「學妹，護照裡的要求項目都要完成。之前有一位學姐，因

為學術活動紀錄護照裡的這個項目沒有滿格，她鬧到系辦去，說什麼自己有參加，是系辦沒登錄。系辦把所有的資料調出來之後，發現原來是她根本就少參加一次。」

「結果呢？」小洛有些吃驚地問學長。

「結果就是下學期才畢業。」

「蛤！這麼嚴格喔！」宜岑有種害怕的感覺。

「所以，學姐是因為她少參加了一次校內學位論文發表會，就無法準時畢業。」小洛再確認一次。

「沒錯。而且，校內學位論文發表會一學期才二次，錯過了就要下學期了。一定要把護照裡的要求都完成，不然是畢不了業的。」

小洛和宜岑把學術活動紀錄護照拿出來，一對照下，宜岑只蓋了一格，就是這次參加的這格，而小洛則已經蓋了好幾格。

「小洛，下一次校內學位論文發表會是什麼時候？我還有好多格沒蓋。」

「要下學期了。我也是最近才知道有這個活動。前幾天上課時，我還問了娸娸，她一副不以為然的樣子，說什麼自己已經完成了，還斜眼看我呢！」

這下子，宜岑的心思全放在沒有蓋章的學術活動護照本上了。

 **你可以決定**

① 畢業條件能完成的要先做

　　研究所除了修課之外，研究生還有許多畢業條件需要完成，所有條件都要符合系所規定的要求，才能算是完成畢業條件。這些畢業條件，多數和參與學術活動有關，而且，這些活動本身都有時間的限制。研究生不要想太多，認為要配合自己的畢業進度來安排，這樣的思考會為自己帶向一種險境，有時候不知何時會發生意外，像是你突然家裡有事，你自己有了什麼意外的狀況，而無法配合這些活動時間。因此，最好的方式是有機會就完成它。

② 利用情緒順勢而為

　　研究生涯是比誰能長時間持續保持動力，而不是比誰在短時間取得較高成績；比的是誰較早完成學位，而不是比誰較快完成某一些項目。研究生涯是一個高度競爭的生活型態，同儕之間的相互比較是難免的。過度比較會使自己產生挫折，並且將主體轉移成為贏過別人，而不是把主體放在自己拿到學位。因此，要學習在研究所比較的生活當中，控制自己的情緒，不要因為小事比不過就感到挫折或失敗，也不要因為都比贏了，就覺得自己一定會很快畢業。利用情緒順勢而為，專注在自己所要完成的項目上，作為激勵自己完成畢業條件的動力，驅動自己不斷前進。

❸ 模擬實際論文口試

　　有些系所會為研究生提供這種額外的演練機會，而且，要提出論文計畫口試的研究生是一定要參加的。這種模擬是一種情境模擬，有助於研究生可以一步步朝向完成學位的路徑前進。研究生就讀的系所，如果沒有這種活動可以參加，就要多參與學長姐論文計畫和正式論文口試的活動，多看多聽，為自己建立良好的經驗值，也幫助自己在論文寫作上，避開不必要的錯誤。

❹ 激勵自己向畢業之路前進

　　修完課後的研究道路，通常是自己一個人前進。一般而言，研究生很容易因為缺少了同儕的刺激，就開始放慢完成研究的步伐，到最後就像一隻「犁不動田的牛」一樣，必須要由外在不斷地催促，才能激起內在的動力，向研究終點前進。往往這一拖，一個學期就過去了，一轉眼，一學年就過去了，不知不覺，修業年限就到了。我們在這裡建議，研究生在修完課，博士生在資格考完後，為了保持持續的研究動力，應該適時地安排自己去聽聽研究生的論文口試，藉由外在的刺激，激勵自己不斷地前進。

2-12 參與學長姐學位論文口試的重點

　　學期末了，寒假就要來臨，博士班的學長姐們也開始提出論文口試。

　　「學姐要提學位論文計畫口試，我想去聽聽看。」小洛想約宜岑。

　　「我們一定要去聽學長姐的口試嗎？」宜岑對這件事情不怎麼上心。

　　「學校規定一定要聽的，是學術活動紀錄護照裡的要求項目之一。」

　　小洛接著說：「去聽聽看也好。」

　　「小洛，我想我還是下一次好了。」

　　「爲什麼？」

　　「去聽學長姐的學位論文計畫口試，我也聽不懂他們在說些什麼。」

　　「至少先去看看學長姐的學位論文計畫口試的形式，老師們問些什麼，或是感受一下將來換我們時，大概會是一個怎樣的情形也好。」小洛表現得還是很積極。

　　「小洛，晚一些我再去就好。現在，我不想去。我好累。」

　　「宜岑，積極一點嘛！」

　　宜岑這個學期爲了趕期末報告，天天都是一、二點才入睡，因而感到疲累。她想要等到資格考過後，再來完成這些小項目。爲了好好修課，她在兼顧家庭與事業裡，已經顯出疲態。

　　小洛則不同，目前沒有家累的關係，讀書拿學位是輕鬆一些，只是兼顧事業時，還是倍感壓力。但她適應得不錯，不想鬆懈下來。這次期末學長姐的論文計畫口試，她決定自己去參加。

　　學姐的學位論文計畫口試，是在一月初進行的。小洛去參加時，看到了明成也坐在裡面，小洛覺得明成很積極，很努力在完成畢業條件裡的項目。

　　然而，就如同宜岑所說的，就算修了博士班的課程，她坐在口試室裡聽著學姐被批判的窘態，自己也不知道要如何回應教授們的提問，內心裡真的不敢放鬆。而明成則是一直在記筆記，好像在幫學姐記錄一樣，一刻也沒有放鬆過。

　　「妳這個方法論有問題，妳到底是用敘說研究法，還是個案研究法？」

　　「來來來，老師問妳，敘說研究法和個案研究法有什麼不同？妳具體回應我的問題一下。」

　　口試委員針對學姐的方法論問題，問得又尖銳卻又到位。學姐安靜無聲，無法順利回應，旁聽的研究生也不知該如何，大家都低著頭，自顧自地滑手機。

　　小洛隱隱看到學姐流下淚來，心想著換做是自己，能答得出來嗎？轉頭看向明成，他幾乎專注在記錄和思考。

你可以決定

❶ 了解論文口試的整個流程

　　研究生一定要去聽學長姐的論文口試，論文口試分為二種，一種是論文計畫口試；另一種是正式論文口試。

　　論文計畫口試指的是你設計好一個研究案，將這個研究案整理成為一個計畫，你要向口試委員報告你的計畫，說明未來這個研究案要如何執行與完成。口試委員會針對你的研究論文計畫提出修正建議。這個過程就是論文計畫口試。

　　正式論文口試指的是你執行完成了你設計的研究案，將這個研究案的完整計畫與執行過程所形成的研究報告，向口試委員進行報告。口試委員會針對你的整本論文，也就是你所執行完成的研究案的書面報告提出修正與建議，來評斷你是否符合取得碩士、博士的資格。

　　研究生去旁聽學長姐的論文口試，一定要二種都聽。因為論文計畫是未來式，而論文是過去完成式。也就是一個是設計，一個是完成設計，二者之間是有差異的。研究生要去旁聽整個論文口試的過程，建立論文口試完整流程的概念。

❷ 觀察學長姐如何呈現論文口試以作為準備

　　在這個過程當中，你要觀察學長姐是如何為呈現論文口試進行準備。第一，這個過程一定有申請的行政流程；第二，要聯絡口試委員；第三，要準備書面資料及行政文

件；第四，要準備報告的用具，例如 PPT、電腦、控制器等等；第五，口試委員的茶點及禮物等等。觀察學長姐怎麼做是最好的，將整個過程記錄下來，將來自己可以照著做，就不必再思考要怎麼做才能到位。

③ 記錄教授們會提什麼問題

旁聽的研究生通常都不知道要聽什麼。其實，你要記錄下口試的教授們問了什麼問題。通常，教授會針對幾個大方向進行提問：第一，研究方法論：研究生論文中的研究方法是否得宜；第二，研究文獻：研究生論文中的研究文獻是否合乎研究論文的要求標準；第三，研究背景、研究貢獻等其他方向的問題；第四，研究結果與討論是否合乎論文邏輯，舉例而言，研究文獻一堆，但在研究結果與討論時卻完全不相干，或是只呈現研究結果，卻完全沒有與研究文獻進行相互討論；第五，研究結論與建議名不符實，舉例而言，研究問題有五個，結果，研究結論只剩二個，建議卻跑出了六個，這就是名不符實。

還有許多針對個別方法論導致的差異問題。旁聽的研究生要有備而來，聽出學長姐論文內的問題，因為這可能是大部分研究生都會犯的錯，可以作為未來學位論文研究的參考依據。透過這些問題的處理與因應，有助於減少論文撰寫產生的問題。

❹ 思考如果是自己要如何因應

　　十場論文口試，有九場研究生在當下都會哭，成績好的也哭，成績不好的也哭，其中不哭的那一場，是因為研究生已經身經百戰，麻痹了而哭不出來。因此，不管學長姐的表現如何，可以面對高度批判的壓力，就是一種成長。任何學長姐的應對進退都具有很大的參考價值，你可以針對這些觀察，透過實際的情境狀況，為未來自己要面對的情境思考可以如何因應。待日後換成是你口試時，就可以有心理準備，不至於因為受不了過度批判，到最後以痛哭結束。

2-13 投稿學術期刊

　　總而言之，就算在論文計畫被批判的體無完膚，最終還是會通過學位論文計畫的口試。

　　小洛開心地對學姐說：「恭喜學姐，又過一關了。」

　　明成也呼應著小洛，對學姐道賀。

　　「別提了！我可能畢不了業了。」學姐沮喪地說著。

　　「學姐，怎麼了？就算被批判，也是過了啊！」小洛覺得怪怪的，明成則好奇著學姐發生了什麼事情。

　　「我還有一篇學術文章要投稿，現在正卡在那裡。」學姐嘆了口氣，不知道自己還能怎麼做，才能改變現在這種狀況。

　　「學姐，怎麼會呢？妳……不是早就準備好了嗎？」小洛內心開始為學姐擔心起來了，明成也覺得緊張。就明成所知，這位學姐只剩下一年了，也就是明年此時沒有完成所有的畢業條件要求，學姐就會被研究所畢業了。

　　「我也以為是這樣子啊！稿子都投出去了，還修改了二次，日前突然就接到不予刊登的回信。我現在也不知道怎麼辦？」

　　「不會吧！學姐，那……趕快再投啊！」小洛急了，好像是自己被否決一樣。

　　「哪有這麼容易啊！再投出去又要來回一年半載的，加上我這篇文章是二年前寫的，議題或是參考資料早就舊了。原本想都修改二次了，一定會過的，沒想要還是被退稿了。之前滿懷期待的心情，現在，我都不知道該怎麼辦才好。」

「學姐，別放棄，都努力這麼久了，說放棄就放棄，不值得啊！」

明成則對學姐說：「一定要堅持下去，否則真的就沒機會了。」他一直在鼓勵學姐，希望不管到底讀幾年，最終都要拿到學位。

「學姐，妳可以把在課堂的期末報告拿去投稿，應該有寫出很多文章才對。」小洛一直在為學姐想辦法。

「我寫的期末報告不多。當時自以為聰明，以為一魚多吃，一篇文章可以交稿多次，這樣子就可以輕鬆一點，現在根本就沒有多出來的文章可以投期刊稿。」

「學姐，可以修改論文計畫去投啊！」明成對學姐這樣說。

「不行。如果我期刊刊稿了，論文卻還沒有完成，這樣子又會影響到論文，一不小心又變成我的論文抄襲自己的期刊。」

「哇！這麼多小地方要留意。」明成和小洛這才發現有許多問題環環相扣，一旦疏忽，就會像土石流一樣，被問題給埋了。

「學弟學妹，要趕快投期刊稿才行。不然，就會像我這樣子，看起來好像還有一年，其實根本就沒有時間了。」

你可以決定

❶ 確認學校要求投稿的學術期刊

研究生要投稿學術期刊前，一定要明確地確認該期刊是學校畢業條件認可的期刊。一般而言，學校投稿期刊會有所限制，你想的與學校要求的可能有出入，一旦投錯期刊等於白費力氣，還給自己時間壓力。因此，一定要確認清楚學校畢業條件的投稿期刊，以及要求的期刊等級（例如單外審期刊、雙外審期刊、英文期刊、TSSCI、SCI、SSCI 等）。

❷ 考慮寫作、審查、修稿至刊登的作業時間

一般而言，一篇可以投學術期刊的稿件，除了自己寫作時間外，往往要再加上請專家或指導教授指導，通常完成一篇可以投期刊的稿件，就需要三個月至半年的時間。之後，從投稿出去到來回往返修改，所需時間從一年到二年不等，尤其是等級較高的學術期刊，一年以上才決定是否錄取是常態。因此，學校畢業條件的要求若有需要投期刊稿，要提早安排投稿，以配合審查到刊登的時間，在時間要求之內完成。

❸ 考慮成功與失敗的機率

每一期的學術期刊都有其限定的議題，一旦投稿失敗，不但一切要重新來過、打掉重練，還浪費了寶貴的時間，也會影響未來的畢業機率。因此，最好要能以「定錨」的方式，也就是針對某一期的議題進行學術文章的寫

作，提高成功刊登的機率。

4 考慮期刊等級錄取條件的限制以調整自己的策略

　　如果學校的畢業要求，是如 SCI、SSCI、EI、TSSCI 等級的期刊論文，就要以「先投難的」再「投簡單的」策略進行。這種學術圈裡等級較高的期刊，對於一般的研究生而言，其錄取條件的限制嚴苛，往往是失敗率高於成功率。反之，如果學校的要求只限制在具有審查的學術期刊就行，那麼就可以先從簡單的期刊達到錄取標準，再挑戰等級較高的學術期刊。

5 考慮自己的經濟能力及投稿所需要的費用

　　當今學術期刊的投稿費用不貲，一般在新臺幣二千到五千元左右，也有要求更多費用的學術期刊。因此，投稿之前要考量一下自己的經濟能力，對於要投的稿件，最好是具有較高學術含金量的文章，這樣子錄取的機率較高，而也不會浪費自己的金錢。

6 運用及早完成策略

　　研究生一定要謹記，學術文章的投稿與錄取，要及早規劃、及早進行、及早修改、及早刊登、完成條件。不要等到修業年限時間快到了才進行，很有可能你未完成學術文章的刊登要求而無法拿到學位，白白浪費金錢、光陰與求學過程的努力。

2-14 休學時機的應用

小洛靈機一動，很興奮地說：「學姐，妳可以休學呀！為自己爭取時間，把期刊投稿完成，這樣就可以如期畢業了」

學姐完全沒有驚喜的表情回應著：「我已經休學過了。一年後再不畢業，就要被退學了。再投稿，就算立即審查通過，最快也要半年到一年的時間，更何況改投其他期刊，還要再改格式，再來一次。真的好累！」

「學姐，我聽說有位學長也是如此。他好像是讀博士班的過程中，跑去結婚生子而休學。後來，他寫了公文給系主任，希望再給一年的時間。最後好像成功了。不過，加總起來，他讀了十年就是了。」

「真的嗎？」學姐覺得明成提供的這個訊息，可以試一試。

「學姐，妳可以去問系辦，可不可以再找個理由申請一次休學。至少多一年的時間。」小洛也應聲這樣的建議。

「不過我沒有結婚生子。」

「也許可以找其他的理由。」小洛鼓勵學姐：「學姐，一定要畢業，一定要拚下去才行。不然，修課這麼痛苦，怎麼值得啊！」

「學妹，修課一點也不痛苦，跟我現在寫論文、投期刊稿相比，跟本就不算什麼的。」

明成也點頭認同學姐的看法。

學姐又說：「修課只要準時交報告，就算被教授們批判，也不算什麼。最終還是能拿到學分。」說到這裡，學姐嘆了口氣

說：「就連資格考我都能過，現在卻卡在期刊投稿和論文，真的好想放棄。」學姐臉上的表情，又回到了之前那副沮喪的樣態，完全沒有任何喜悅之情。「現在，不是我放不放棄的問題，是我根本就沒有完成畢業條件，無法在期限內畢業啊！」

學姐突然又被指導教授再叫進去口試的教室交待事項。小洛和明成就一起走出學校，想要舒緩剛才受到影響而焦慮不安的情緒。

「沒想到要從博士班畢業這麼難。」

「難怪我一直聽到有好多學長姐努力到最後，根本就沒有畢業。我還在想，到底是怎麼一回事呢！」明成這才有些理解。

「如果學姐還有多一年的時間，那畢業機會就大增了。一方面可以接著完成學位論文的執行，另一方面還可以弄出一篇學術論文，趕快投稿。」小洛又接著說：「我原想要寒假好好休息，什麼都不做的。這下子又要想辦法投稿了。」

明成則又浮現若有所思的表情……

 **你可以決定**

❶休學的機會不宜隨便用盡

讀研究所能否拿到學位，時間是一個很重要的關鍵因素。你要把休學的決定放在做論文的時候，而不是在修課的時候。除非，你發生了重大事件，像是生了重病危及性命、家裡有重大的事情無法繼續，或是某種因素，經專業人士及你自己評估後，不得不在修課時期休學。否則，在

此時休學，是一件不利於自己拿到學位的決定。

❷ 把休學的機會留給萬一

很多研究生在讀碩、博士時，會因為身體健康因素，而不得不休學一個學期。這種因健康因素而導致的休學，是一定要暫時放下的。也就是說，在讀碩、博士時，研究生一定要預留時間給萬一情況的發生。例如，突然間發現到自己身上有腫瘤而需要開刀休養，當然要把命留著。如果，你還有充分的時間，那麼就算休養個一、二年，都不會影響到你拿學位。如果，你在之前修課時就把時間浪費掉，寫論文時又拖拖拉拉，那麼像這種情況，當醫生宣告你健康不佳需要休學時，就等同宣告你要放棄學位，就會因為各種因素變成雙重打擊。

❸ 把休學的機會留給意外

還有一種案例非常特殊，就是口試委員或是自己口試當天出了意外，造成必須休學的現實狀況。臨時你又找不到可以代替的人選，但不口試，你的學位就沒了。這種事件一旦發生在自己身上，就要面臨進退兩難的窘境。如果不口試，就失去學位，可是又沒有辦法口試，怎麼辦呢？

❹ 把休學的機會留給研究關係人

有些時候並不是研究生自己的問題，而是外部的關係人的問題。第一種是在研究過程中，因為一位關鍵人物或資料的流失，而影響了論文完成的進度。第二種是在論文計畫或是正式論文要口試前，為了尋找口試委員就花了好

幾個月的時間。這種看似不可能發生的事情，但有時就是會發生。曾經有一位研究生，為了協調口試委員在同一時間出席，花了快三個月，導致錯過學校規定的口試時間，結果下學期再來口試。像這種狀況，就必須要研究生還有時間可以等待。如果已經是最後一個學期了，那麼就會造成無法畢業的結果。

⑤ 把時間的機會留給學位

在這裡建議你，不要在修業剩下最後一個學期才口試，盡可能的保留一個學期做緩衝。碩、博士的修業年限都很長，不要一路走到黑，把時間優勢變成劣勢，更不要把時間花盡，把能畢業變成了無法畢業。研究生一定要管理及控制好時間，使自己能順利的完成學位。

2-15 第一個長假的時間安排與調整

第一個寒假來臨前，大家經過了最痛苦的繳交期末報告及期末考試。這個寒假，感覺好像慢了一年才來。

宜岑和小洛從開學到現在，短短幾個月就胖了一圈。

「壓力好大啊！寒假來了，一點感覺也沒有。」宜岑的臉和剛入學相比，腫了一圈。

「就是啊！又想吃東西了。」小洛也在想，也許去結婚比拿博士學位還容易。

宜岑看著大家，不經意地就說了：「好幾位同學都在學期中休學了，我也有點想休學。」

小洛回過神來，倒是有點不甘心：「第一學期都熬過來了，還休學啊！」

「小洛，妳等一下想去哪裡？」宜岑轉向看著她。

「回家啊！為了趕期末報告，我已經一個禮拜都沒好好睡覺了，整個人都昏沉沉的。我要回家大睡十天，再決定要做什麼。」

「寒假好短，我只能和家人去日本玩。」

「好好喔！我哪裡都不能去，也不想去。只想好好休息。一轉眼，又要開學了……」小洛突然大喊著。把大家都嚇了一跳。

小洛轉向隔壁的智宏：「你呢？」

「我決定要休學了，不讀了。」

「為什麼？」小洛吃驚地看著他。

「我本來就不怎麼想讀，要不是家人一直要我讀，我根本就

　　沒有意願。」一邊收拾包包，一邊說著：「再加上我實在受不了老師每次的批判，一下子說這樣，一下子說那樣，這也不對，那也不對。我真的不明白，為什麼上課一定要這樣子才行。」

　　媜媜一臉驕傲地說：「不會啊！我就沒有這種感覺。我超喜歡修老師們的課。」

　　宜岑和小洛不知道她在驕傲些什麼，各自不出聲地就走出教室。

　　過不了多久，成績單就寄到家裡。媜媜在臉書上 PO 出自己的好成績，還貼上了很無奈、很不想要的貼圖，沾沾自喜。

你可以決定

❶ 比氣長而不比氣盛

　　讀碩、博士班，是一個長時間、系統性的學習。讀一個碩士、博士，至少要花二年以上，甚至是十年的光陰，在這裡比一時的氣盛，不是明智之舉。有些研究生就是喜歡將自己第一名的成績昭告天下，這是他個人的行為，與自己修課拿到學位是沒有關係的，除非，你使他的行為與自己有關，自己要跟他比較。如果發現自己受到影響，要立刻分心去做別的事情，像是家事、與人聊天、去圖書館借書、看書等。當你花越多時間在乎別人的成績比你好時，你就使別人成為你生命中的主體，如此一來不但不開心，還會貶抑自己的價值。其實，比成績不過是氣盛，能有底氣且氣足到拿到學位，才是第一名，才是好成績。

② 第一個長假要回到舒適圈好好休息

通常第一個長假是寒假，有些學校因為可以提早一個學期就讀，那麼第一個長假就會是暑假。這種長假是使心情緩和、減輕壓力的好時機。讀碩、博士是一個很競爭的求學生活，利用第一個長假適度的放鬆休息，出國去玩或是全家人好好渡個假，建立良好的親職關係，會比較有支持的力量，使自己繼續讀下去。如果在這種長假裡還不能放鬆一下，就像沒有保養的身體一樣，終會出現一些毛病，無論是生理或是心理，都會感到無法呼吸。長久下來，生大病或出意外的機率就會比較高。

③ 避免採取休學行動

第一學期結束是第二個容易休學的點。在第一學期結束後，許多有意念想休學的研究生，大概會選擇在這個時間點休學。原因是，第一，無法適應研究所的壓力生活；第二，在工作、家庭、學業三方面感受到心力交瘁；第三，對於讀研究所拿學位的動機感不再強烈。如果你動心起念想要休學，通常是壓不下來的，原因在於讀書這件事情，使你看不到未來，對於讀完之後，也不覺得有什麼改變，只是在浪費時間和精力。尤其是讀到要熬夜寫報告、還要期末考時，這些關鍵壓力測試點過不去，又沒有旁人支持你，鼓勵你拿學位時，再加上跟別人比較自己又覺得輸人，第一學期結束，你大概就會選擇休學，並且不會再回學校。能夠熬過第一學期結束，並且不休學的研究生，之後要再動休學念頭的機率就會開始降低。

❹ 檢視從研究所畢業的計畫

第一個學期的適應是最困難的,利用長假期間好好的休息,並重新檢視之前你所規劃設計的「從研究所畢業」的計畫,依據你可以適應及忍受的狀態進行調整。我們建議不要調回太輕鬆,而是要維持現有壓力或是加重一點點,透過漸進式地加壓,使你的身體、精神,以及與你有關的家庭、工作,都能適應這樣的生活。

2-16 學術研討會的應用

受到了學姐事件的影響，明成更積極地想要先完成畢業條件的要求。

其實，從修課的第一天起，明成就開始觀察，哪位教授比較適合自己、哪位教授可能成為校內口試委員的未來人選。他覺得林教授無論是上課方式、指導風格，以及指導研究生的畢業率方面，皆是最適合自己的個性。因此，就算是寒假期間，他也沒有放鬆，持續與林教授保持聯繫。

他回想起最初新生座談時，林教授所提出來的，要針對投稿的期刊目標，針對裡面的議題，開始進行學術文章的撰寫；他還記得修課時林教授所分享的，有些研究生會以像是「國中生」這個焦點進行各種學術方向的議題進行撰寫。他認為自己要定調未來要發展的方向，針對某一個議題深入研究與探討。

「現在的學術研討會很多，你這篇稿子應該沒有問題的。」林教授鼓勵他去參加，也接受學術批判的訓練。

「教授，我應該選擇口頭發表，還是海報發表呢？」明成對自己的文章沒有自信心。一方面是平時課堂上，他或多或少會在意娟娟對他的批評；另一方面，自己沒有正職，或多或少自覺比不上其他同學。

林教授反問明成：「我問你，將來你寫的論文是口頭考試呢？還是海報考試呢？」

「教授，我知道了。」被教授這麼一點，他就通了。

「先去投研討會，之後再討論。」

明成有了林教授的鼓勵，更積極努力先把畢業條件完成。

博一下學期一開始，同學們又被迫積極地動了起來。

「學校規定研究生一定要參加學術研討會，而且，參加者和發表者不能是同一天。也就是如果你那天是發表者，就不算是坐在台下的參加者。這是學校的規定。」王小姐說是這樣定義參與學術研究討會的認證準則。

「假設第一天我是發表人，就不算是參加者；如果第二天我不是發表人了，就可以算是參加者嗎？」明成再三確認。

「是的。而且，一定要下載網站上的校外活動出席紀錄表，要請對方蓋系所章進行認證。」

「那我清楚了。謝謝。」

明成一直不確定學校對發表者和參與者的界定標準。前幾天聽到了娸娸在嚷嚷著自己在研討會發表，也算是參加者的討論，與班長爭執不休。明成想著，不如就直接去問系辦的王小姐就清楚了。

你可以決定

❶先了解研討會的基本概念

　　你要先了解畢業條件裡，對於參加學術研討會的認證規範，根據要求來參與學術研討會。其次，多數在大學裡舉行的學術研討會每年會固定舉辦，如果你有心想要投研討會進行發表，那麼就可以參考過去一、二年內研討會的內涵，針對這個目標，結合修課時的期末報告進行投稿準

備。另一方面，研討會的文章可以投稿期刊，也就是說，你在研討會發表的文章，教授們會針對你的文章指導，你修正之後，可以再轉投期刊。

❷ 研討會的投稿規範

一般而言，研討會的投稿會要求先投研究摘要，透過摘要審核再通知你是否通過，也會請你勾選要海報發表或是口頭發表。

如果是海報發表，你就要把你投稿的學術文章精華輸出在海報上，在海報發表期間站在你的海報面前，有興趣的研究者會向你提問，你就要回應他們。而上台口頭發表有時是被指定及安排好的，此時你要做好PPT，大約是20張，發表時間約15分鐘，5分鐘教授評論，5分鐘給有興趣者發問，而由你回應。如果是海外發表的國際研討會，PPT就要有中文與英文。

以上是投稿研究會的概況，有時會因為大會的安排而有所不同，研究生參與研討會有任何問題，應詢問承辦單位人員，將研討會的規則弄清楚。

❸ 結交可能成為你學位論文口試的教授及研究樣本

你可以透過研討會的機會，認識許多學者專家、研究者或教授。如果你沒有研究樣本，也可以透過研討會找尋未來的研究樣本。如果你認識的教授不多，就可以透過這樣的機會，結緣可能是你未來論文口試的教授。試著去認識他們，結交成為學術上的朋友，打好未來研究論文的人

脈基礎，這是一項很值得努力耕耘的資源。因此，研究生有機會就要參加各種學術研討會，不管校內、校外辦理的各種研討會，都需要找時間去出席，從出席研討會中累積人脈關係，學習各種學術方面的知識。

❹ 關注議題發展以備戰研究所的考試

　　學術研討會通常是較為新穎的研究發展趨勢，你可以透過研討會，尤其是內部發的摘要手冊，而得到許多新的資料。這些資料可能成為碩士班入學考、博士班資格考的題目，而得到意想不到的收穫。

第3章

通過資格考成為資格候選人

3-1 了解資格考的規則

　　博士班二年級上學期時，學長姐們舉辦了一場資格考的小型討論會，幾乎所有的博士生都到了。

　　台上的博四學長一副自信又自傲地說得天花亂墜。

　　「資格考大家別怕，只要去考，就一定會過……」

　　會場裡因為擠滿了各年級的博士班研究生，台上學長的話，大家好像沒有聽清楚。

　　「我聽說有學長姐有一題沒有寫也會過，大家就不要太緊張……」

　　「考前一個月才準備，前一週才看自己的準備內容，我就過了。」

　　這時整個會場才安靜下來，大家才聽清楚學長在說些什麼。

　　明成靜靜地坐在一角，手中的筆停了下來，眉頭都皺了起來，學長的分享讓他內心很質疑，有些困惑：「這位學長看起來像是來唬爛的，或者是來證明他不用讀也很厲害。如果是這樣子，那學長的話就不能參考了。」

　　學長又進一步地分享他很輕鬆地就拿到了好成績，PO 了成績單在螢幕上。

　　班長看到了，突然笑了起來，心想著：「76 分還說是高分，我的報告分數都是 90 分起跳」，又怕笑的太大聲，立刻收起笑容，假裝自己很專注。

　　接著是學姐：「各位學弟妹，關於學長的分享，你們參考就好。考題一定都要回應，千萬不可以空白不寫。一題不寫，絕對

需要再考第二次。」

　　這時候是完全安靜下來了，明成又動筆記錄起來。

　　「要考資格考的學弟妹，一定要留意自己是否符合參加資格考的資格。之前，我的同學就是因為少修了一門相關的課程，結果延了一個學期才考資格考。」

　　小洛側過頭去跟宜岑說：「這就是新生座談時，王小姐分享的案例。」宜岑點點頭，很認同學姐的叮嚀。

　　「系上的規定是一定要在修業五年內通過資格考，不然就會取消博士學位。」

　　「資格考只能考二次，第二次不過，就被研究所退學。」

　　「練習時，可以去系辦拿資格考的試題紙來練習，要多練幾遍，手才不會酸。不然，寫到最後，手會斷的……」

你可以決定

❶ 先理解博士班資格考的形式

　　以目前的制度而言，幾乎所有的博士班都保有資格考的傳統，一旦通過就會從博士研究生成為博士資格候選人，這是很重要的一個關卡。有些學校已經改變資格考的形式，不再現場考試，而是出題要博士生回家完成；有些學校則是仍要現場考試，並且以二次為限；有些學校是以考試通過為原則，至於次數已不再限制。要先理解你所讀的研究所規定，好進一步準備。

❷ 你需要明確了解資格考的申請規定

　　有關於申請博士生資格考，各校的規定並不一致，有些學校修滿固定學分就可以提出申請；有些學校則是要修完學分才能提出申請。另外，有些學校則會因為研究生在修課期間內，發表了所謂可抵資格考科的期刊文章，而可以減免考科數目。因此，一定要向系辦詢問清楚，要申請博士生資格考時，需要完成哪些規定條件？要在幾年內完成資格考？有幾次考試的機會？要考幾科等等。一旦明確了解這些申請規定，就可以決定接下來要完成什麼條件，例如要修完多少學分，或者是要安排什麼時候準備最合適等等。

❸ 你需要了解題型的規範與限制

　　博士班的及格標準皆為 70 分，未滿 70 分者，就會要求重考。一定要記住，碩、博士的分數與大學的評分標準不同。另外，考題也不相同，一般而言是以四題問答題為主要題型。但是，有些學校或是考科也會出像是名詞釋義、簡答題等，在準備前要了解題型，靈活地準備答案內容。至於回應量的限制也有差異，有些學校規定一題幾張紙為限，有些學校則是不限制。所以，問清楚自己要考的科目歷屆題型及分數要求等，才不會因為自己弄錯而出錯。

④ 你要清楚考試的規則與時間

　　試題紙可以先到系辦拿取，作為理解未來回應答題的準備，也可以作為考前練習之用。弄清楚考試的規則，像是提示鈴聲何時響、能不能上廁所、手機的使用限制、考試時間等等。只要有疑問的，應以系辦的回應為準則。

⑤ 你需要適時的準備資格考的實力

　　資格考不要過早準備，徒增壓力，但也不宜過晚準備而來不及。從蒐集資料、整理成為可以用的資料，到能夠理解回應，都需要花時間組織與訓練。一般而言，考前一個學期開始暖身到積極準備的效果較佳，個人也可以依據自己的實際狀況進行調整、靈活進行。

3-2 資格考選考科策略

　　資格考經驗分享結束後，明成就決定指導教授是林教授，並且已經跟林教授簽好指導同意書，只待繳交時間一到，就把同意書交到系辦去登錄。因爲將成爲林教授的門生，資格考考科的選擇，也會以林教授的課程爲主。

　　幾天後，這個話題還在討論當中。

　　「你打算要考哪幾科？」班長隨口問了明成。

　　「以林教授開的課爲主。」

　　「可是，林教授的課都能成爲考科嗎？」小洛湊過來和他們一起討論：「必修課選一門，自己選修的組別選一門，再來是與自己論文有關的選一門。」小洛喃喃自語地說著。

　　宜岑抱怨著：「好煩喔！竟然要考三科。我聽說別的學校只考二科。」

　　班長笑著：「那妳要不要考慮去讀那所學校。」

　　宜岑狠狠瞪了班長一眼。

　　「班長，你這麼厲害，那你要選哪幾科？」小洛想考考班長，想知道他選考科的策略。

　　「我在想必修課以社會學爲主，然後組別則是選認知心理學，再來是與自己論文有關則是創新教學。」

　　「社會學、心理學、教學，這三門學科知識體系差異好大啊！」

　　「你這麼一說，我好像也有這種感覺。」

　　「而且，你修過認知心理學嗎？」

「還沒。」

「那你還選這門。」

「怎麼了嗎？」

「沒修過課，卻想要成為資格考考科，你有點 sense 好不好。」

「不行嗎？我有興趣啊！」

「當然不行。沒修過的課，是不能成為資格考考科的。」

突然間大家都笑了起來，這下子資格考的壓力隨著笑聲而減輕許多。

「明成，你呢？」小洛好奇地問了起來：「你應該會是我們班最早考的吧！你怎麼選呢？」

「我目前儘量配合指導教授的課作為考科。將來，可以一邊討論論文方向，同時也一邊討論資格考。」

「真厲害，你恬恬吃三碗公喔！」

「別嘲笑我了。像妳有教學經驗，可以選教學類科，我完全沒有。紙上談兵太難。不考慮。」

班長提議：「不談了。肚子餓了。我們去吃烤肉火鍋好不好？先烤一烤。」

「好哦！走！」

你可以決定

❶ 依據系所規定選考科目

　　博士班資格考的選考科目是有規定的，至於規定的細則，研究生要具體了解，並依規定，進行對自己有利的選考科目。我們建議，要清楚了解學科要求，才能夠進一步去選擇有利於自己的科目，給自己輕鬆準備的條件。

❷ 論文研究題目相關

　　資格考科的選擇，應考量與自己未來論文有關係的學科。如果想做的研究題目是有關於教學的議題，那麼在選擇考科上，就應該是在系所規定之下，與教學有關的考科。這樣的選考科目在準備時，心裡會有一股動力，就是因為與自己的論文有關，所以會比較願意著手準備、搜尋資料，在行動上也會比較有動機。

❸ 以指導教授授課為主

　　如果在上述條件之下，還能縮小範圍，不只是自己學習過的學科，還是指導教授所授課的學科，那麼這樣的選擇就更是好的選擇。研究生也可以透過經常與指導教授溝通，而有更多精準的直覺與靈感，在準備資料時，受到自我潛意識的引導，而更有方向，準備得更為周全。

4 以自己有把握會通過的科目為主

　　資格考最終還是要能通過。因此，要以自己有把握會通過的考科作為選考科目。一般而言，可以考慮平時此科目的成績是否取得高分，作為取決的標準。如果，選考科是指導教授教學的學科，又是自己有把握能夠通過的學科，這樣的選考科就算是很好的選擇。

　　選考科只是第一階段的準備，之後還是需要萬全的資料蒐集，長時間的閱讀與理解成為內化的知識，再來則是提取的訓練，才能萬全通過資格考的磨練，成為博士資格候選人。

3-3 資格考資料的蒐集

　　由於明成是班上最早完成修課的人，其他同學還在為修課報告煩惱時，他已經提出參加這學期資格考了。

　　跑得快的人，不一定比較順，只是感覺上比較安心而已。

　　明成翻著自己之前的筆記紀錄，知道要去系辦拿資格考的試題紙來練習。他也順便詢問系辦的王小姐有關資格考出題的範圍。不然，自己無方向地整理資料，實在像是大海撈針，事倍功半。

　　「系辦這裡會送出當時教授的授課大綱給出題委員，出題的內容和方向會以此為主。」

　　「你沒問題的。加油囉！」王小姐接起電話，忙著手邊一大堆的工作。

　　正當明成拿了資格考試題紙要走之際，王小姐掛上電話，又叫住了他：「你有沒有帶隨身碟？」

　　「有。」明成從書包裡拿了一個常用的隨身碟給王小姐。

　　「來，等我一下，我把歷年的資格考考古題給你。」

　　看著王小姐下載近十年的資格考考古題，明成想著：「這麼多的題目，自己要怎麼整理？還用睡嗎？」

　　「好了。」下載的時間才幾秒鐘，可是準備的時間可能要好幾個月吧！

　　明成喪氣地走出系辦公室。突然想到剛才自己的隨身碟裡，有著上次資格考分享會時向學姐要的資格考資料，也許有整理好的答案也說不定。

　　一個轉念，明成又開心起來，覺得自己好像已經把資格考的資料整理好了，根本就不用煩惱。

　　但是，走沒有幾步，明成又皺起眉頭，心想著：「系辦王小姐說資格考的題目會從上課的課綱裡出題，所以，就算考古題答案已經整理好了，也沒有用。整理好的答案，不一定是現在課綱裡的內容。」明成又嘆了口氣，像是天又要塌下來了一樣。

　　一種不由自主想要逃避的心情又油然而生，他想著：「反正我已經是班上第一個要資格考的人，如果停個半年也無妨。」他的心情又好了一點。

　　但又突然想到：「是不是要去問問老師，看看要怎麼準備。」下一秒他就放棄這種念頭。「上次遇到老師，老師還虧我說什麼沒問題，一定會過的。我本來還在想，也許資格考只是形式。結果，一轉身，他也對來問資格考的學長姐這麼說。」「唉！還是要考啊！如果這次不參加，又要再一學期，只是把痛苦往後延。」

　　明成開始面對現實，最終還是決定要參加這次的資格考。

你可以決定

1 以選考科目的課程大綱為蒐集資料的方向

　　一旦決定了選考科目，第一件事情是把上課時教授給予的課程大綱拿出來，針對課程綱要內容中的主要議題、討論內容等，進行文字檔的整理。研究生通常在準備資格考時，會犯下一個很大的錯誤，以考古題與通過資格考的學長姐的意見為意見，而忽略了這些資料都是過去式，最終導致資格考考出來的題目，可能是自己完全沒有看過的，而形成了準備無用論的結果，或是事倍功半的效果。

2 以近三年研討會、期刊蒐集現在流行議題

　　此外，一定要去蒐集近三年研討會在討論些什麼議題，作為議題項目。研討會通常是以較新、較為流行的議題進行討論。因此，資格考的應用，就極有可能朝這個方向進行。研究生搜尋這方面的資料，要以研討會的主題及其延伸的議題，進行分類與組織，如此準備才會有效率。

3 以過去考古題作為回應基礎

　　參加資格考試有時當考運好時，所有的題目都是考古題，如果有好好準備，通過的機率就會大增。但有時也會出現極端值，考古題一題都沒有出，此時也不必太悲傷，利用考古題的題型、題目的內容進行組織應答內容，可作為打底知識及建立回應模式。考古題通常會有一些學長姐整理好的資料與答案，不一定都是對的。最好能夠再多檢

視確認，組織成自己理解的答案，才能有效記憶。

❹ 留意直覺與靈感

當你都萬全準備到位時，若在考前靈光乍現或是有一種直覺，覺得自己好像有百分之一沒有準備好，或是正好覺得這個議題會考時，最好就是為這種感覺做好準備，它通常如莫非定律一般會出。在這裡，筆者分享自己的經驗，在考前二週時，我大致已經做好資格考的準備，但就是覺得有那麼一點點不對勁，說不出個所以然來。而後，上網路搜尋資料時，發現有許多關於「原住民議題」的學術文章與政策討論，於是，我利用了社會學的理論，結合了在原住民教育上的應用出題，再多加準備個二、三題，進行閱讀理解與記憶。等真正考試時，考古題一題也沒出，反而是原住民題目出了二題。

❺ 留意領域類科的教授發表文章

在資格考二個月前，如果有時間應該去找指導教授，向他請教有可能出題的教授，並指引方向。有時，教授會要你多讀某些教授的文章，或者是要注意的理論、議題。這時你就可以參考這些方向，組織成回應的答案內容，成為你回應時提取的知識。

3-4 資格考資料的組織與整理

散在桌上的資料和地上的書籍堆成了山，上面還放著昨天剛吃剩下來的泡麵，以及從50嵐買回來未喝完的珍珠奶茶，已經爬滿了螞蟻。

剛清醒的明成想起了分享會學長那種悠哉的準備，而自己還躲在棉被裡，完全不想面對難題。

家裡媽媽打來的電話，要他好好照顧自己、不要亂吃的話語還言猶在耳，但一轉身看見了桌上和地上的資料，棉被又拉得更緊，完全沒有想要起床的動靜。

隨著時間分分秒秒的過去，在床上翻來翻去的明成，最終還是因為一顆焦慮的心而起床。坐在書桌前，拿起了學長姐給的答案和考題看了幾分鐘之後，又悠悠地帶到床上去，向棉被取暖。

「學長姐這題的答案怎麼會這樣答呢？根本文不對題嘛！」

「怎麼直接拿整篇期刊當成答案？」

「吧！好像沒有我要考的考古題。」

「學長姐的資料沒有嗎？」

明成突然間起身，匆忙地把印出來的資料都翻了一遍，又把電腦裡的考古題再仔細地看了一遍，才發現自己的考科原來過去沒有人考過。

這下子明成真的清醒了。

「不行、不行。要趕快整理資料才行。」

顧不得自己還未梳洗，他立馬打開電腦找出與自己考科有關的考古題，整理成表格，突然間發現了有好幾題都是雷同的題

目，感覺好像開始步上軌道。這時他才鬆了一口氣，走去浴室梳洗。

「今天，先把我需要的考古題答案整理起來，再來對照課綱的考古題，好好分析一下。」

心裡有了定案之後，明成沒有懸念地開始整理資料。

「這題答案應該是這樣子才對。」

「不能用整篇期刊來回應答案，怎麼會記得住呢？」

「整理的內容太多了，到時候自己怎麼能回答得出來？」

明成試著把一題的答案，用筆抄寫在試題紙上，計算了一下字數，再回去推算如果只記得了六成，那一題應該要閱讀多少字。

這樣子做了幾個星期的時間，果然看到了成果，一本資格考考科的資料讀本就完成了。

明成焦慮的心總算是安定下來。

「好久沒有出去運動了。」穿起了運動鞋，就到球場與球友們一起玩起了三對三的籃球比賽。

你可以決定

　　資料蒐集之後，接下來是進行資料的組織、編排、整理、分類、應用。博士班的資格考準備，在資料整理與組織上，是一門大技巧。這種技巧不只可以應用在博士班的資格考，還可以應用在以申論題為主的考試型態，像是國中小主任資格筆試、校長資格筆試等。

❶ 組織結構是以前言、理論、應用、結論四大項為主

　　組織好的型態必須是將來要回應考題內容的型態。如果是申論題，則是要以前言、理論、應用、結論四大項進行組織。如果在申論題裡有名詞釋義，則視為理論的名詞解釋。

前言：參考題目簡單的說明你接下來要做的論述。

理論：作為回應應用時的工具。

應用：透過理論引導出的應用及結果。

結論：透過理論的應用，形成什麼樣的具體結果，簡短地論述。

❷ 考題要準備研究案設計題

　　資格考題除了申論題之外，還會出有關於研究設計的題型，像是實驗研究類型的研究設計、非實驗研究類型的研究設計的考題。這種考題一定要掌握住，是送分題。想想看，研究生最後就是寫出一本具有研究歷程的論文，面對這種考題，理當駕輕就熟。如果不熟，那就表示在研究所學習的過程中，對於研究設計這項能力是有不足之處。

就算考過了資格考，對於未來在撰寫學位論文時，也會有重重挑戰。

❸ 每一考科題目量要達到至少30-35題

博士班的考題必然結合理論，透過理論的引導，產生不同的結果。因此，精熟理論及其應用是必然要的準備。問題是，要準備多少理論及其應用呢？量太少時，回應的內容與格局就會有限；量太多時，則會感到吃力而導致複習的意志不足。同時，還要考量考題出現單一理論的應用。因此，每一門學科，大約要準備到30-35題的量，而一科的內容要有15種不同理論及15種應用的議題（每學期正式討論的理論約15堂，每堂課一種理論、一種應用）。若有準備好，一旦考出來時，大腦就能很自由地提取不同的理論與應用，自由地發揮出準備的功效。

❹ 每題的字數要在1,000-1,200字左右

每題的字數不可以太少，但也不宜太多，通常在1,000-1,200字左右，但不要超過1,200字。一般而言，以理解記憶而來的提取數字，好的狀況在八成，也就是可以提取出約800-1,000字左右，但是，不好的狀況時，可能只剩下500-600字左右了。如果是不好的狀況，只提取500字，再加上自己的應用論述，也可以補足到約700字左右，大約就是一題考試要回應的字數量，也就可以拿到通過的分數了。

❺ 整理完要再去找指導教授

當你整理好這些資料之後，要再去找指導教授，看看方向對不對。通常指導教授及考科教授不會給你題目，但是會引導你去讀些什麼資料，看哪些議題，關注哪些教授的文章。這些都是很重要的方向，可以校正你準備的方向是否有偏誤。更重要的一點是，向指導教授及考科教授證明你為資格考而做的努力。因此，除了出腦力之外，也要出腳力，不要嫌去找教授很麻煩。在教授給予指導之後，要盡快修正好方向，這樣才算是整理完成，你才可以算是吃下定心丸。

3-5 資格考資料的研讀

　　整理好要研讀的資格考讀本已經不容易，但要再翻動它好好閱讀和記憶，可就更爲困難。好久沒有參與筆試的明成，距離上一次筆試，已經是二年前期末考的事情了，現在要他像考大學那樣努力讀書，眞是難上加難。

　　他內心裡開始欺騙自己，不斷地跟自己說：「整理資料時我就至少看了一遍，而後再組織起來又再看一遍，這過程中還要再思考怎麼組織與應用，就已經看了不知道幾遍了。光是要從初期的知道到深刻的理解，已經花了大量的時間。這樣子應該就可以了。」

　　於是，花了大量時間，精心準備好的資格考讀本，就躺在桌上，完全沒有翻動。

　　「明成，你資格考準備得如何？」小洛打了通訊軟體電話，好奇地向他詢問：「我會不會打擾你了？」

　　「不會。我就是一直在準備中。」明成沒有在意她的打擾。

　　「我的好朋友才剛考完資格考，她說她題目都看得懂，但就是寫不出來，大腦一片空白。」小洛傳遞了一些有關於資格考過程的訊息，對明成很有幫助。

　　「那她有說都考些什麼題目嗎？」明成豎起了耳朵，想打聽題目是否都是他準備到的。

　　「她說像是認知負荷理論，還有是關於推動 AI 科技在校應用的題目。她考的其中一科是教育心理學，跟你一樣。」

　　明成一聽到這些題目，感覺上好像自己有準備，實際上內心

裡完全無法具體說出內容。此時的明成又開始緊張起來，對於小洛接下來到底在講些什麼內容，完全無心回應。到最後反倒是電話那頭的小洛自覺打擾了明成，就匆匆地掛上了電話。

明成內心裡忐忑不安，手都在發抖地翻動著自己整理的資格考讀本。他明明記得自己有準備認知負荷理論與 AI 科技的應用之類的題目，怎麼自己一點也無法針對小洛的提問，回應出應有水準的答案。

明成大口地深呼吸，直到翻到了自己準備的那頁資料，才鬆了一口氣：「原來在這裡啊！」

之後，躺在桌上的資格考讀本又被翻動了起來。明成開始翻閱裡面的內容，不知不覺地又想要背下來。只是，才讀了幾頁，他就不耐煩，又把千辛萬苦做好的資格考讀本給甩在桌上，完全沒有耐心翻完整本資料。

你可以決定

❶ 以「考不過會被當掉」的恐懼心理準備資格考

利用像是「考不過就會丟臉」、「有可能會被退學」、「萬一沒過怎麼辦」的恐懼心理，推動自己每天投資一點時間閱讀和理解與記憶。準備資格考讀本，是這個過程中最簡單的。製作再精美的讀本，如果沒有消化成為自己內在的知識形式，形成外在的回應成果，也是枉然。此時，利用內心恐懼，轉化成為持續用功的動力，你就會好好的努力準備。你準備得越扎實，未來在資格考時、寫

論文時，就會感覺到回應或是搜尋資料很是輕鬆，你就會感謝自己曾經這麼努力而帶來好結果。

❷ 陳述性知識的準備方法：粗讀、反覆地讀、精緻化地讀、內化地讀

(1) 粗讀

由於整理好的資料很多，應該像是一本書了。如果採用「一天背一篇」的方式，是無法在考前達成準備好的目標。往往是背後忘前、背前忘後的結果。最後因為看不到成果，感受不到成功的景象，很容易就半途而廢，白白浪費自己準備的資料，反而會相信別人不準備也會考得很好，落入了自我陷阱當中。因此，整理好資料後，就要天天粗讀，也就是每天要求自己要翻閱準備的所有內容，扎扎實實地看個一、二遍。這樣子做，到後面你不用背，也能記憶起來。

(2) 反覆地讀

接下來是考驗耐力的時候。由於大腦喜歡新鮮感，所以每天都看同樣的資料時，會呈現一種討厭和抗拒的心態：「怎麼又要看了」、「昨天不是看過了」。可是，一蓋住資料時，又完全說不出個所以然來。此時要突破大腦為自己所設置的困境，用行動改變大腦的習慣，天天反覆地讀、反覆地讀、反覆地讀（因為很重要，所以說三次）。等到大腦習慣了天天反覆讀的動作時，就是快準備好了。

(3) 精緻化地讀

考試之前整理好的資料，在經由一遍遍反覆閱讀的訓練後，會開始產生去蕪存菁的效果，會有一種不自覺出口成章，說出一翻論述出來的現象。這時候有一個很重要的動作，要把之前整理好的資料畫出重點，將資料的組織更為精緻化。這個動作很重要的原因是，當你在資格考時，有時會因為某種因素而緊張，導致大腦一片空白。此時最重要的是，讓大腦可以快速地浮現出關鍵字，而後讓大腦使用照像功能，看見自己萬全準備的資料，之後，引導出論述的能力，順利地回應答案。

(4) 內化地讀

內化地讀結果就是看到題目就知道答案，甚至是你可以說出自己的資料內容，不自覺地就可以背下來，對你所整理的所有資料內容都是如此。你能訓練到這種能力，大概會有一種看到吐的反應，內心裡會有怎麼還不快考的嘀咕。此時，此種陳述性知識的閱讀理解與準備就完成了。

我們要在這裡叮嚀各位，在考試之前，你都要一直讀、一直讀、一直內化地讀，直到考完資格考為止。否則，中途一旦停下來不讀，就會退步，反而效果不好。

3-6 資格考準備期的壓力調適

明成對資格考的準備還停留在一個星期前的進度。

不想翻，就是不想翻。這是這一星期以來，明成對資格考準備的寫照。

就算資格考讀本就放在桌上，只要去翻動它就好，他就是不想翻。只是，身體的反應永遠都不會騙人。他其實都睡不好，也吃不下。半夜會驚醒，以為自己被當了。但是，他就是不去翻看資料本，好好準備資格考。

一轉眼，再過幾個星期，就要參加資格考的筆試了。

不知為何，突然之間，明成聯想到娸娸之前對他嘲諷：「報告寫得這麼爛，還敢拿出來。」「有那麼多時間，還寫成這樣。」他想，如果自己沒有通過，那麼娸娸一定會說：「有那麼多的時間，還不是考不過。」

這一聯想，這段期間資格考準備的壓力與煎熬讓他想要掉眼淚，又想要逃避延後半年再考。

看著自己花了好多時間準備的資料本，根本都沒有仔細閱讀，又聯想娸娸對他的影響，一個轉念：「不，我一定要準備好，一定要一次就過。」

他又想到之前學姐提到的：「就連資格考，我都能過，卻卡在期刊投稿和論文。」但他沒有，他的期刊投稿已經刊登過了。他在內心告訴自己：「只要資格考狠下心來好好的讀、拚死拚命的讀，就一定能過。」

他還想起來上心理學的課程時，教授曾提到：「在博士班的

歷程中，最難的並不是資格考，而是寫論文。」

聯想到這裡，他的心就緩緩地安定下來，再仔細地想想：「其實，之前的學長姐通過率還蠻高的，也沒有自己想像的這麼糟糕。」

明成不再逃避準備，也不再用負面想法來否定自己，決定面對資格考所帶來的一切。

此時小洛打電話給他，提到幾位同學要去聚餐，問他要不要出來透透氣，一起去吃飯。他婉拒了。

接下來所有的時間，他都在研讀資格考的資料本，內心一有負向的想法時，他就會出去走一走，或是與球友們一起打籃球，來轉移內心的想法。

你可以決定

① 第一步，直球對決資格考的問題

資格考對於博士生的選項，本身是是非題，而不是選擇題。也就是你一定要去考，如果沒有考過，就不可能成為博士資格候選人；如果你考過，就會覺得再難的問題，你都能克服與解決。如果，你的系所一定要筆試，你逃不過，就應該以直球對決的方式去面對問題，這樣子做反而可以減輕壓力，而且非常有效。研究生如果一味地採取逃避的做法，在等待的日子裡，天天煎熬地折磨自己的心智與身體，直到考完放榜為止。這種做法極度不健康也不正確，很容易會使自己生病，一定要避免使用。

❷ 第二步，依著自訂計畫執行

　　之前提出了有關於資格考的準備，包含了資料的蒐集與整理方式，只要你能做到，就算不完美，也可以使你的大腦和身體具有方向感和控制感，使你知道每天你要為資格考而做些什麼努力。研究生最害怕的不是資格考本身，而是不知道要怎麼努力去做，才能夠通過資格考。所以，你要參考之前的建議，自訂專屬於自己的執行計畫，一步一腳印地去執行。

❸ 第三步，減少外務專注執行

　　別管別人說些什麼「不用努力也可以通過」，或是「我都沒讀書之類的」。聽聽就好。當你通過之後，你愛怎麼說就怎麼說，大家都會相信，因為你通過了。在尚未達到通過資格考之前，你要減少外務，每天為準備資格考投資一點時間、做一點努力。不必要的外務要拒絕，不必要的社交要斷絕。考過之後，你可以狂歡，你可以天天社交，但在沒考過之前，你都應該理智去面對你讀博士班的目標，用認真的態度去完成每一個階段挑戰，為資格考投資你的時間、你的努力。

❹ 第四步，均衡飲食、適度運動、充足睡眠

　　面對像資格考這種考試，壓力是非常重的。你要吃好一點、吃多一點，使自己的大腦具備足夠的養分，可以思考與理解知識的內涵。

　　大腦也需要養分，為了理解與記憶，有時會感到大腦無力，此時，吃一點食物，走一走，大腦就會有力量可以再進行思考。另一方面是體力的增加，不要在太疲累時還去運動，會使你過度使用身體造成反效果，應該要好好睡覺休息，你會感到很輕鬆。

　　當你讀不下去又睡不著時，走一走，做個運動，流流汗，會使你比較有力量和勇氣去面對資格考的壓力。我們建議，要依據你自己的需求，合宜地配置飲食、運動、睡眠的質量，達到最平衡的感覺。

❺ 萬全準備才能無後顧之憂

　　如果在這個關鍵的時刻，有些人會故意地說些風涼話，最好不要在意。或者，就像之前提到的，無用的社群媒體或實際的人際社交，你都應該減少或是暫停，這樣你就可以阻隔掉這些負向耳語傳進腦海裡。真的傳來了，也別放在心上，他只是嫉妒你而已。

　　絕對不要把任何寶貴的時間，花在別人對你的冷言冷語上。資格考要通過，不能靠運氣，一定要靠實力，才會有好運的降臨。唯一的原則就是要萬全準備好，你才能無後顧之憂，才能安心睡覺。

3-7 資格考的情境模擬

經過一段不算短的時間，雖然明成認為已準備到看到題目就能知道答案，但他仍舊沒有把握到時候能否順利回應考題，通過資格考。

「自己應該試著考考看。」明成在心底這樣想著。

資格考前二週，明成想著自己既然這麼努力準備了，不如來模擬一次，看看可不可行。

星期六的下午，他到圖書館去，找個安靜的角落位置，把從系辦拿來的資格考答題卷和自己嘗試出的題目，在大腦設想情境，告訴自己正在進入資格考的試場，用手機計時，要在三個小時內寫出四題的答案。

剛開始在回應題目時，明成還是會想要使用「背」下答案的方法，感覺到就算自覺準備好了，還是會很緊張，無法冷靜下來。一旦寫出來的不是他曾看過的答案，內心會有一種矛盾感。

然而，無論如何，他要求自己一定要熬過這個擬真考試，在回應問題時，就是採平時準備的方式，以一對一的回應。他感覺在寫到第三題時手會酸，寫的速度開始慢下來了，大腦也會有點累。時間有時還會控制得不好。但他還是要求自己克服一切，至少，這次自我模擬考試一定要踏實地做到。

終於所有的問題都應答完之後，發現自己的回應是融合了自己所讀的資料所寫出來的，有些關鍵字解釋沒有到位，但大致看起來是不錯的。

明成感覺到自己還是會緊張，必須要再想辦法解決；另一

方面是長時間的書寫，手的確會很酸，這幾天一定要多寫、多練習。當然，有些理論的專有名詞還是會因為太緊張而忘記，要再多加利用心智圖來記憶。

這一次自我模擬考試的經驗，使明成深刻地體會到，就算感覺到自己準備好了，還是有許多地方需要再加強。

在圖書館期間，明成好奇地翻了一下最近出刊的期刊，發現現在正流行有關數位人才培育等相關議題，而這是他之前完全沒有準備到的。他趕快把期刊內容影印下來，以便做簡單的回應準備。

 你可以決定

❶ 前二週的情境模擬可以找出問題的細節

常言道：「魔鬼藏在細節裡。」而情境模擬就是解決魔鬼藏在哪一個細節裡，透過這種方法，你可以精確地找到自己的問題，才能知道在最後要如何調整自己應考時該怎麼做。

像是寫到手酸，這種個人的感覺問題，是一定要練習的，而且需要自我調整。寫到想不出來，這種寫到一半會詞窮時，怎麼面對緊張的情緒，要如何調整。再來是寫不出來，這種一開始就不知道要怎麼回答時，要怎麼做。另一種，萬一臨時想上廁所的生理反應，要如何控制等等。這些很個人化的問題，只有情境模擬才能找出問題的解答。我們在這裡建議前二週左右就要試著做個情境模擬，

好讓自己把這些細節問題找出來，一一地修正。

② 留點時間給新興議題

　　運氣會在你準備好、感覺一切都很順利時降臨。研究生最怕的就是出了一些你沒有準備到的新興議題。一個新興議題要能深度論述，使用理論工具進行評析，還是必須對於這些議題有些理解，尤其是針對在地化的議題，像是族群、性別、當前推動的政策方案等，如果完全沒有碰觸過相關知識，可能連題目都看不懂。所以，留一點時間給好運發生，可能你正好看到了期刊在討論的議題，是你沒有看過的；或者是你正好看到了報紙在討論的教育政策，是你沒有準備的，此時就可以準備一下，萬一考出來，要怎麼回應，心裡有個底，就不怕沒有內涵可以回應。

③ 留點時間給萬一

　　有時候，人就是會有不順的時候。做這個也不順，做那個也不順。如果，這時又來個資格考準備出問題，那麼，放棄準備大概就是你唯一的選擇。但如果你都準備好了，包括留點時間給萬一，萬一發生小孩生病，你要照顧他，而無法有時間好好準備，那麼事先就準備好了的實力，就可以利用短時間的複習全都找回來。像這種留點時間給萬一的準備法，才是真正萬全的準備。

❹ 來自信仰的助力

　　如果你有信仰，你可以向祂祈禱，幫助你完成最後的資格考。如果你沒有信仰，就祈求祖先助你一臂之力。如果你真的什麼都沒有，沒關係，走入你覺得最方便的大廟宇或是教堂，向神明祈求能一切順利。

　　這樣子做，可以穩定你不安定的心靈，使你靜下心來傾聽自己內心的聲音，由內在的自己給外在的自己最大的鼓勵。

3-8 正式資格考的方法與策略

這次參加博士班資格考的博士生，彼此之間平時沒有很常往來，就是一起修課，下課後就各自回家，很少聚在一起。此刻是因為資格考才會聚在一起。

敏文學姐在研究所時的表現優異，不但是最佳博士生，還深受到教授們喜愛，她的報告常常被學弟妹讚美，被視為具有參考價值的報告。因此，在參加資格考時，大家都認為她一定會過。她一到會場，就把一堆期刊文本放在桌上，開始努力用功的樣子，的確很有氣勢。

文華學長則是很緊張地拿著網路上下載的理論，嘗試著要再加強記憶。

莉如學姐則是拿著這一堂考科的教科書，正猛 K 著，想著等一下會不會考出這一題。

俊明學長也學著敏文學姐，拿著期刊資料在看，但是心不在焉的樣子，開始說話：

「敏文，妳準備好了嗎？」

「不知道，就是一直看啊！前二天我半夜讀到胃疼，快要昏倒了。」

「俊明，你呢？」

「我還在忙著工作的事情，都沒有時間準備。」

「文華，你呢？」

「我完全記不起來這個心理學的理論，要是考出來，我就死當了。」文華學長緊張到連手心都冒汗了。

　　明成靜靜坐在一旁，學長姐的對話他都聽進去了，但是他不理會他們，低著頭，從容地翻著自己整理好的筆記。

　　俊明學長看著他，因為不熟，所以不知道如何問他。但是，明成看起來一點也不緊張，而且像是在過日常生活一樣的態度。

　　文華學長好奇地站起身來，偷偷瞄著他的筆記，裡面密密麻麻的，有紅的、藍的線條，似乎每一頁他都仔細看過。直到考試的鈴聲響起，大家都默不作聲。文華心想，以學弟的肢體表現看來是一定會通過這次資格考的。

　　明成也從整體氣氛感受到學長姐的壓力，他不抬頭也不與學長姐有任何的接觸，決心完全依著自己設定的計畫進行。

 **你可以決定**

① 考前勿與他人交談

　　不要與他人交談是為了保護自己一定會通過的信念。如果你準備好了，就不要受到別人言語的干擾。想想看，萬一別人說的內容，正好是你沒有準備到的，你只是徒增緊張，因為也來不及準備；如果你有準備到，那你也只是白費時間在分心。因此，不要與人交談，不要聽別人說有關於資格考的內容。要全心全意專注在聽清楚試場的規則和答案紙的應答項目，有任何不清楚都要快速地問清楚，避免違規。

❷ 依著自己的計畫走

　　在真正考試時，別管別人怎麼做，別聽別人說什麼。如果你事先都踏實地準備，這一刻會是別人看你怎麼做，別人聽你說什麼；反之，如果你沒有準備好，就會在意別人做些什麼，說些什麼。因為你準備好了，就依著自己的計畫走就好，這樣子不管過與不過，你才能知道做對什麼，做錯什麼。

❸ 考前一刻的舒壓

　　考前一刻的舒壓工作，對於考生而言很重要。多數研究生並不知道要如何在考前舒壓，任憑壓力像海嘯一樣地朝自己而來，使自己失控。其實，你只要做一個動作，就可以改變你大腦認定的壓力，而使自己好過一點，那就是吃一顆甜食。

　　如果，你平時喜歡吃巧克力糖，它會帶給你一種幸福感及美好的感覺，那麼，你就在考前十分鐘吃一顆，使它在十分鐘後考試時發揮效果。如果，你平時喜歡吃的是水蜜桃糖，那就在考前吃一顆。這種方式也可以應用在任何考試，包括論文口試、面試、考主任、校長等等的考試。

　　要記住，這個小技巧想要有最好的效果，一定是要在像參加大型考試時才使用，千萬不要濫用它，否則效果不但不好，還成了自己愛吃糖的藉口，就失去效用了。

❹ 正式資格考前的動作

　　在考前要做一些非關考試內容的動作準備。首先是飲食的準備：充足的養分，可以使身體有基本能量支撐，克服考試這種巨大壓力及維持腦力。考前幾天可以測試一下，吃含水量少卻含熱量高的食物，像是炸雞、香蕉的精神狀態如何。一般而言，這種高熱量的食物，會使你在短時間內精神比較好，在正式考試時，你需要在短時間內集中注意力，這種食物可以使你產生這種效果。但平時要均衡飲食，在關鍵時刻才這樣做，效果才會好。

❺ 做好第二天考試的準備

　　假設你的資格考有二天，那麼考完後的第一天晚上會特別難熬，思緒會一直停留在你寫不出來的考題上，而後悔自己明明有準備，卻寫不出來。有這樣子的情況時，為使自己不再專注在這個思緒當中，可以透過身體的動作，去運動或走一走，改變自己思緒的方向，分心在身體的動作上，使自己好入睡。這樣做，大腦可以得到充分的休息，使自己擁有充沛的能量去面對明天的考試。如果你沒有這種情況，而是感到很疲累，那麼就吃完飯，複習一下你所準備隔天的考試科目內容，而後好好睡一覺。如果睡不著，也可以採取上述的動作，分心在運動上，使自己身體有適度的疲累，好好睡一覺。

3-9 面對資格考考題的作戰策略

　　明成拿到考卷後的確有點緊張，因為題目不但完全沒出考古題，還出了一堆很新的議題，幸好這都不難。因為在二週前，他就在圖書館裡的期刊中看到了這些議題。一張考卷裡只有一個理論學家的論述，他比較不熟悉。不過，之前在準備的資料裡，對於這個理論學家的作品，他還是有概念，可以作為回應的基礎。

　　在答題時，他先依規定抄寫題目，再安排答題順序，從會答的先答，多留一些時間給沒有把握的題目。再來，當然就是依著準備好的申論模式，針對問題一一回應。

　　明成在此時是極度專注的，只能形容是拚了命地寫。他心裡一直有個信念，就是一定要通過資格考，一定要一次就考過。

　　其他的學長姐似乎就不是如此了。

　　敏文學姐雖然也很專注，但多數時間是在思考要怎麼下筆。坐在她旁邊的文華學長似乎是完全不知如何回應，抄完題後就停下來了。而莉如學姐也是一邊寫、一邊想著。大家都沒有明成的順手。一看到明成的態度與架勢，就知道他沒有問題，一定會通過的。

　　中午休息時，明成依著之前的計畫，吃了雞腿便當，還吃了香蕉。但是，敏文學姐卻什麼都不吃，一臉蒼白與挫敗的神情，思緒還停留在寫不出答案的那一刻。同學們勸她多少吃一點，她說自己會拉肚子。明成拿了香蕉問學姐要不要，她拒絕了。明成沒有多話，靜靜地走出教室。

　　一走出教室，就聽到了文華學長說：「學弟看起來好厲害，不但寫得多，又順手的樣子。」莉如學姐也搭腔著說：「題目一看到，我都頭昏了。根本就寫不出來，只好把腦子裡想得到的全寫上了。只是，連我自己都不知道在寫些什麼。」

　　明成走回資格考的教室時，又依著之前的準備來面對下午的考試。

　　敏文學姐因為能量太少，無論是思緒或是書寫上的速度都比早上更慢了。一考完試，她就嚷嚷著準備再考一次了。其他人也沒自信，一抬頭要找明成，他已經離開了。

　　第二天考試，明成還是依著自己的計畫走。

　　而資格考也在系上人員一聲「時間到」而結束。

　　系上提到資格考的結果要一個月之後才會公布。明成決定在等待放榜的這段時間裡，放自己一個大假，回老家一趟，好好休息一下。

 **你可以決定**

❶ 拿到考卷之前要深呼吸

　　深呼吸有助於大腦充滿氧氣，降低緊張情緒。無論你做得多好，準備得多充足，一剛開始拿到考卷時就是會緊張。緊張是正常的，不緊張才是令人緊張。此時，拿到考卷的第一個動作，閉上眼睛，深呼吸三次，張開眼睛，看清楚考卷內容。

❷ 拿到考卷之後先寫基本資料及抄題

由於考試會令人緊張，所以在深呼吸之後，要記住三個動作的順序：第一，填寫好基本資料；第二，抄題，如果考試規定不用抄題，那麼你就要把題目寫成前言的方式。這樣子做是為了使出題的教授記住所出的題目。教授在資格考題目出完到改考卷，可能是一、二個月後了，透過將題目改寫成前言的模式，不但可以針對題目回應，也可以呼應教授的出題。

❸ 考試過程中要建立微型的成功感

接下來是判定題目。在考試過程中，要建立微型的成功感，也就是先寫會寫的、有把握的，針對問題問什麼答什麼，使自己能建立自信心。再來才寫不會寫的、沒有把握的。

這樣子做，可以使大腦有一些緩衝，有一些時間和空間思考不會寫的題目，思考要如何針對不會寫的題目布局答案。同時，可以參酌你所準備的應答模式架構，透過這些微小的成功點，把不會寫的題目也組織成為一個具有研究論述架構的回應。

④讓自己掌控考卷而不是考卷掌控你

　　有些研究生在回應時不知所云，原因在於沒有準備，或是有準備卻提取不出來，這只能靠運氣，看看有沒有機會能考過。

　　如果你都有準備，而且可以提取出來，那麼，一切都在你的掌控之中。內心裡要有霸氣，是你在掌控考卷而不是考卷掌控你。那不過是一張紙而已，不必害怕，勇敢地把你準備好的理論知識及應答內容寫在這張紙上，讓你的萬全準備發生效果、讓你的信仰助你完成資格考、讓神奇的好運發生。

3-10 資格考後的放鬆與後續準備

明成通過資格考的半年後，小洛和班長也參加了資格考並通過了。宜岑則因為兼顧家庭和工作，又要帶小孩，就沒有參加這次資格考。所以她很羨慕小洛又過了一關。

「小洛，好羨慕妳喔！當初要是聽妳的就好了，現在也通過資格考了。」

「別氣餒。下次考就好了啊！這次大家也都過了，妳就好好準備，鼓起勇氣去考就是了。」

「接下來就是寫論文了。」

「是啊！不過，已經考完一個多月了，我完全沒有動力。回到舒適圈的日子真好過，現在又要跳離舒適圈，真的很不適應。」

「可以再休息一下啊！」宜岑笑咪咪地回應著。

「宜岑，妳是在鼓勵我還是在害我啊！」小洛抿著嘴，一副不怎麼認同的樣子。

「妳也真奇怪。明明是妳自己說不想動的，我這麼支持妳，妳還生氣啊！」

「也是啦！我明明知道要動了，應該去跟指導教授討論論文，但就是不想動。就像之前聽到上課老師在說，要一鼓作氣地完成論文。現在好了，一停下來，就不想動了。要動，又好費力。」小洛狠狠切了一刀牛排，情緒都發洩在牛排上了。

「我聽之前的學長姐說，可以繼續到學校修課，保持動力，這樣就可以持續寫完論文了。」

「是嗎？聽起來是不錯，但是，對我而言並不是好主意。」

「爲什麼？」宜岑好奇地問。

「我還要特地到學校來修課，修課還要報告、討論、完成規定的作業，反而壓力沉重。還是單純一些，專注寫論文就好了。」

「那妳想寫什麼？」

「我……還在沉思中，好煩喔！」小洛把手中的牛排給分屍，狠狠吞了一口。

「妳下學期趕快考資格考啦！」

「就說我，妳也趕快去找指導教授，寫論文去啦！」

兩個人突然安靜了下來，專注在自己的牛排上。宜岑突然說：「小洛，趕快吃一吃，等一下我們去精品店看看，好想買個包喔！」

「好。我跟妳說，我最近也正想買包……」談到買包，宜岑和小洛精神又來了，完全忘了還要資格考和寫論文這件事。

你可以決定

❶ 時間是你的朋友也是你的敵人

大部分的碩士生在修課完後，博士生在資格考結束後，通常就會放鬆下來，在不知不覺中，就把原本擁有大量時間，可以從容地完成論文的優勢，轉成了有限時間的劣勢。

對研究生而言，時間不是以天為單位，而是以月或學期為單位，這種單位對研究生是很大的限制。有些學校規定相當嚴格，也就是不可以在同一個學期，同時提出論文計畫及正式論文口試，那麼就表示一個完整論文的完成，至少需要跨學期；有些研究所還限制口試一定要在學期末。這二種限制加起來，從論文計畫到正式論文口試，至少就是一年的時間。

因此，當你疏忽時間的概念，把修業年限花費過半時，時間就會從朋友變成敵人；當你只剩下最後一年可以寫論文時，時間就是你最大的敵人。

❷ 適度的休息，但不要休息過度

資格考完後，通常研究生都會採取放大假的策略，出國去玩或是一段時間不去碰有關於研究所的資料，什麼都做，就是不做有關於研究論文的事情。其實，放鬆無妨，適度的休息也是讀研究所的過程中很好的策略與方法。但是，不要休息太久，更不要讓休息成為接下來的生活習慣。

一旦習慣回到舒適圈過舒適的生活，要再跳離舒適圈，就會產生極大的壓力，內心也會極度地排斥抗拒。給自己制定一個時間，但不宜超過三個星期，就應該回到研究所的生活，繼續研究類型的寫作與讀書的生活型態。

❸ 保持研究寫作的手感

　　在休息階段時，你可以隨時寫寫自己的心情，旅行日誌、美食筆記、運動記錄……等等。目的是為了保持寫作的手感。此時期使大腦跳開理論型的論述寫作，而由不同類型的內容寫作刺激大腦，有助於未來回到理論研究型態的寫作時能感到新鮮，進而很快地抓回到研究論文的寫作手感。

❹ 趕快與指導教授討論論文方向

　　保有寫作的手感後，需要透過寫作手感，把你從舒適圈裡拉回來。當我們放鬆一段時間過後，需要一種力量，它可能是習慣、某種刺激，以觸動大腦下指令，使自己回到研究生活。這時，就要利用保有手感的習慣，擬定實際的研究行動方案，也就是去找指導教授討論論文方向，開始將論文動起來。

第 **4** 章

完成論文並取得學位

4-1 論文撰寫過程中的必用資源

　　經過爲期三年博士班修課和資格考的洗禮，博士班同學們已經有一半的人選擇休學，而宜岑、小洛、明成、班長已經可算是存活下來，成爲了博士資格候選人，也陸陸續續地進入撰寫博士學位論文的階段。

　　外人看起來，一切好像很輕鬆，跟取得碩士學位沒兩樣，但是在裡面的人，才能明白不一樣的地方實在太多，而且比較起來太困難了。

　　「小洛，我到現在還不知道要研究什麼，根本不知道該怎麼進行。」大夥們的討論像是低氣壓，怎麼也無法看到未來的晴空。

　　小洛也有些苦惱：「我去圖書館看了學長姐的學位論文，也覺得看不出個所以然來。」

　　班長對大家說：「幸好，娸娸不在這裡，否則她一定會說『這麼簡單也不知道』或者是『時間這麼多，還寫成這樣』之類的。」大夥們一陣狂笑，也算是另一種形式的抒解壓力。

　　「喂！娸娸都休學了，你還停留在她身上。我看，你也快變成娸娸了。」

　　「我可是很尊敬她的。」

　　「你的口氣很酸喔！」

　　「我好怕、我好怕。」班長全身都抖了起來，惹得大家哈哈大笑。

　　「說到圖書館，前一陣子我去圖書館時，還看到了明成在圖書館借書，我好奇地看了一下，他借了一大堆的外文和中文的書。」

　　「不是上網找資料就好了嗎？還要去圖書館借實體書喔！」

　　宜岑一這麼說，大家全把眼光轉向她，覺得好奇，她平時的報告是怎麼寫出來的。

　　「像是臺灣博碩士論文知識加值系統網，或是透過圖書館系統進入期刊論文索引系統、華藝線上圖書館等等，光是這些資料庫的資料，我都用不完了。怎麼還會去找實體書呢？」

　　宜岑認為這樣子就足以應付平時要交的報告，也不需要花大時間去圖書館查書。更重要的是，每次去圖書館找的書都舊得要命，還不如直接上電子資源資料庫去找資料，CP 值比較高。

　　「萬一妳的資料網路上沒有怎麼辦？」

　　「二手引用。」

　　「所以，妳都沒有一手引用？」小洛和班長有些吃驚。

　　「大家都是這樣子的啊！」宜岑一副不以為然的樣子。

　　「誰跟妳一樣啊！我可是會去圖書館老老實實地借書來看。」小洛瞪著眼看她。

　　「我也是。」班長猛點頭地接著說：「有些理論書籍根本就沒有電子書，一定要親自走一趟圖書館借；有些新書甚至要上網買才行。完全都用二手引用，交作業可能行，寫論文可不行。」

你可以決定

❶ 走進實體圖書館

　　圖書館是一個無須付費卻提供大量有價資料的地方，如果要找的資料沒有電子資源資料庫可以使用，那麼圖書館提供了可以不花錢就借用到經典理論的書籍與文章，甚至是未開放的某些論文。還有，學校圖書館若只有買紙本期刊，而沒有同步購電子檔期刊，那麼也必須要走一趟圖書館才能找到這些期刊資料。若無圖書館提供資料而採用購買資料的方式，一筆期刊資料動輒要數百至數千元，是一筆不小的支出。

❷ 使用電子資源的資料庫

　　資訊科技的發達，使用電子資源的資料庫也就越來越常見，這可以分為收費資料庫及免費資料庫，這個部分的資源是現在寫論文時最常使用到的。有些資料庫所提供的資料是會員收費制，索取的資料使用費通常不低，國外期刊資料更是高昂。因此，如果這種資料庫是你就讀的大學就可以免費提供的，一定要好好善用。另一種像臺灣博碩士論文知識加值系統，是無論是否為研究生都可以使用的公眾型資料庫，也成為撰寫論文非常重要的資料庫。它會是你未來上傳畢業論文的必用資料庫。

❸ 學會應用各種學術軟體

　　目前撰寫論文需要的應用軟體很多，你不需要知道全部，只需要知道你需要的就好。一般而言，大多是像能跑量化資料的統計軟體、質性資料分析的軟體、參考書目的軟體。基本上，這三大類的正版應用軟體，是研究上在撰寫論文一定會使用到的。考量到自己論文的需求，事先在修課時學會使用方式，就可以在撰寫論文時加以應用分析，輔助自己完成論文。

❹ 事先備好人脈資源庫

　　人脈資源庫的準備是最耗時的，也是最可遇不可求的。有句話說書到用時方恨少，在撰寫論文時，則是樣本數到用時方恨少。通常要仰賴人脈資源來解決樣本數的問題。研究生在讀研究所時，因為要學習許多專業知識及技能，往往沒有多餘的時間去建立人脈資源庫，以至於真正要進行研究時，才發現自己的人脈資源不足，無法取得足數樣本，最後會鋌而走險，透過「造假數據」或是「無中生有」的方式來達到研究目的。一旦被學術人員查到有此種現象，就有可能被取消學位。

4-2 論文資料的蒐集方法與策略

　　宜岑被這樣子一說，整個人有些尷尬。彷彿她之前投稿的文章、繳交的作業都是投機取巧而來。

　　「不過，資料這麼多，如何在書海堆裡找到我們要的資料呢？」宜岑反問大家。

　　「二手資料。」明成姍姍來遲，突然丟出來這句話，把大家都嚇了一跳。

　　「你看吧！二手資料還是很好用的。」宜岑找到了救星，終於有人支撐她的論點。

　　「明成，你來了。」小洛和班長同步跟他打招呼。

　　「你的計畫還順利吧！」明成已經完成學位論文計畫口試，是同班同學跑最快的。

　　「對。還可以。一切還算順利。」明成放下自己的包包，也坐了下來。

　　「你剛才提到二手資料是怎麼回事？怎麼可能都引用二手資料啊！」小洛不以為然的表情，像是在做態度上的抗議。

　　「當然不是引用二手資料，而是透過二手資料去找一手資料。」班長和小洛馬上就理解了明成的意思。

　　「你的意思是，去找幾篇與自己論文有關的期刊或是論文，看看背後的參考文獻，再把某些文獻找出來，重新理解與組織，成為自己的論文資料。」班長具體明確地回應明成的意思。

　　「沒錯。」明成點點頭，有像指導教授的樣態了。

　　小洛也不甘示弱地說：「所以，一定要去圖書館借書的。」

　　「像是經典理論、當代重要理論家的著作，最好還是要以實體書查看比較好。看過實體書的著作，對作者就會有所了解。到時候論文口試時，才不會答不出來。」

　　大家面面相覷，完全無法理解明成在說些什麼。

　　「上次我的學位論文計畫口試時，一位教授就問我說，知不知道我引用的作者是哪裡人？說什麼語言？幸好，我是真的從圖書館借閱那位作者的書，看到作者根本不會英文，是由法文翻成英文的。」

　　「可是你怎麼知道那位作家不會英文呢？」宜岑有些困惑。

　　「原始書序就用法文寫的。我也是好奇翻了一下，才知道原來作者根本就不會英文。所以，也是翻譯的書。如果沒有借書出來，我也不知道。」

　　「平時上課雖然也看外文，但都是英文或是中文，誰會注意作者是說什麼語言的。還有二手資料引用過多，會出很大的問題。舉例來說，二手資料改寫到最後，根本與原意就不同了，口試委員隨便一問關於參考文獻的問題，研究生無法回應，就會被釘得很慘，不死也去了半條命。」

你可以決定

❶ 透過定錨的二手文獻找出需要的一手文獻

二手文獻不是用在大量引用，而是用在引導你找到一手文獻。研究資料是海量訊息，漫無目的地找尋會事倍功半，還會導致情緒上來，一肚子火。有效率的方法是去找幾篇跟你預想最接近的期刊也好、論文也好，作為定錨的文獻，再透過最後面的參考文獻，引導你去找出需要的一手文獻。

❷ 透過圖書館或電子資料庫找出需要的文獻資料

有了定錨的二手文獻後，接下來，就是很勤勞地透過圖書館或電子資料庫，找出你所需要的文獻資料。

你需要借至少四類書籍，一是與自己論文研究背景相關的書、二是與自己論文相關的理論書籍、三是相關研究的期刊及論文、四是自己要用的研究法書籍。透過這四類書籍，組織你的論文。

一本碩士論文的參考文獻大約在 120 筆左右，而博士論文應在 250 筆左右。這只是概數，最後還是要依據現實的狀況進行調整。要記住，參考文獻資料越多，你就越能透過這些文獻組織一本結構扎實的論文；參考文獻越少，無論你的理論依據，或是要分析比較的相關研究，都會顯得立論薄弱、綁手綁腳。

❸ 真正翻閱你蒐集而來的文獻資料

　　有些研究生的論文資料蒐集只做一半，書是借來了，但沒有花時間去翻閱，以至於作者到底寫什麼？在哪一本書裡？或是哪一國人？用什麼語言之類的，通通都答不出來。一旦口試問到參考文獻，就又重複課堂上一問三不知的窘境，這樣的情緒就會影響到後面論文執行的進度。

❹ 沒有耐心時旁聽學長姐論文口試

　　寫論文計畫要控制情緒，並有耐心去解決蒐集資料、閱讀資料、組織資料到完成論文計畫。到這個時候，通常研究生會有點心累。為了要持續撰寫論文計畫，我們建議有這種狀況時，要去旁聽學長姐論文口試。

　　如果是已經完成旁聽學長姐論文口試的研究生，不要計較，要多聽幾場。這時聽學長姐的口試與之前的目的不同，除了可以激勵自己繼續寫下去，還可以為將來口試時做好心理準備，以及預防在撰寫論文過程中錯誤，是最好的策略。

4-3 選擇做得出來的論文題目

「不過，論文題目到底要怎麼定呢？」

「就是啊！之前有一位學長，在論文計畫時寫的題目，是有關於女性主義教育學介入小學教育之研究，可是，到最後卻沒有下文了，可能已經⋯⋯ 」小洛的手朝著自己的脖子一畫，小聲地說著：「沒了。」

「聽起來題目可行啊！是不是那位學長自己沒有繼續寫下去？」班長有些困惑。

「我看不一定。」明成搖搖頭：「因為，就算這是一個看起來可行的題目，也不一定就做得出來。」

「怎麼說呢？」小洛覺得有些吃驚。

「你想想看，如果學長是小學老師，可以透過一個課程的實驗進行，那還可行。如果，他不是呢？再說，女性主義教育學的範圍這麼大，到底要做什麼範圍呢？學校就一定可以讓他執行嗎？這些都是能否做出來題目的思考點。沒有那容易的。」

「班長，那你呢？」

「我有工作了，所以只要畢業就好了。應該就是會選擇用之前學長姐的量化研究取向，以四個變項為主，做一個關係的分析，跑跑路徑之類的研究。」

「我知道，有很多學長姐都是做這類的研究。不過，好像沒有什麼創意。寫來寫去，都只是改一個變項而已。」小洛覺得了無新意的題目，不值得成為博士論文。

宜岑反駁說：「那有什麼不好，只要能畢業的論文，都是好論文。就像之前教授講的，學位快快拿，研究慢慢來。再好的題目，寫不出來、畢不了業，有什麼用。」

「明成，你呢？」

「我也認同，能做出來論文才是好論文。我原本想要寫實驗課程的論文，但是因為考量自己沒有資源可以進一步進行相關研究，所以就會改為去寫比較教育方向。之前有認識一些在美國進行比較教育研究的博士生，已經聯絡他們，他們也有興趣，可能會一起進行，就是我在臺灣提供他們有關的資料，而他們則是提供我要的，以便彼此都可以更深入地進行研究。我想，我的題目應該是像中美教育政策制度比較之類的題目。」

宜岑主動提出：「如果你想要以小學的實驗課程為主，我可以幫你。」

「謝謝。只是我覺得太冒險了。一個研究計畫到完成，大約都要一年以上，萬一臨時出了狀況，無法繼續下去，就會研究失敗。我還是要謹慎一點。」

「你說的對。研究要能寫成論文，不是一朝一夕的。有些研究都要做一年半載的，小心駛得萬年船。」

「這好像是《賭神》裡的對話。」

「班長，你樓歪了喔……」

你可以決定

① 由研究方法決定你的研究議題

由研究方法來決定論文的題目是最快速的方法，簡言之，是先考量自己可以使用什麼樣的研究方法，再來決定研究題目。不是所有的研究方法，研究者都可以使用，主要原因是研究者本身就是最大的限制。如果，你沒有一個班級可以進行實驗，你的論文題目卻是一個需要使用實驗研究法的題目，那你就會做不出來。如果，在修課之時沒有為你論文可以使用的研究法做足準備，現在要決定研究方法，就要由你當下可以使用的研究方法來決定你的研究議題。因此，研究方向與主題就會受到侷限。

② 由研究場域判定你的議題可不可行

接下來，要考量研究場域是否可以執行自訂題目。例如，研究生若要在班級進行實驗，要思考班級家長是否同意？學校是否同意？這種因研究場域而引發的研究倫理問題一定要謹慎考慮，不要辛苦做到最後，結果學校突然反對或是家長突然反對，導致研究失敗。

實際上，一個完全無風險的研究場域是不容易建立的。因此，越早建立可以研究的場域是越好。例如，想要研究一個政策方案成效，那麼與此方案的人、事、物建立良好的關係，甚至能成為其中的成員之一，進而能拿到相關資料及約訪相關重要成員，才能在研究中順利執行。

③ 由研究樣本決定你可以做多廣、多深

接下來，要考量的是研究樣本方面的問題。如果想要進行調查研究，是否有這麼大的研究樣本數量可以進行調查。研究生一定要思考自己研究資源的多寡，誠實面對限制。如果只是幻想要進行大樣本數的調查，結果卻發現到自己根本找不到足夠的樣本，到最後就會為了畢業，而在樣本數字上動手腳，導致研究出問題，這種因研究不實或造假數字，而被撤消論文的案例時有所聞。因此，研究者一定要慎思自己的研究資源量和研究樣本。

④ 由未來發展判定你最終的研究議題

最後才要考慮研究者的興趣及未來的發展，因為研究者的興趣及發展可以是多選題，但是上述的研究方法、研究場域、研究資源和研究樣本，都是單選題。若能完全結合是最好，若不能，則應該以可以做得出來者為優先考慮。

4-4 論文的基本結構與撰寫的順序

　　時間在過的速度好快，從來沒有因為任何人、任何事而停下腳步。而下一個真正的大難題馬上又來到眼前 —— 撰寫學位論文。

　　「真的是沒完沒了。好不容易把書從圖書館借出來了，現在卻不知道要怎麼寫論文。」就算是把資料都弄齊全了，論文的撰寫還是有困難。

　　「不是從第一章嗎？」宜岑覺得這個問題怎麼這麼好笑。

　　「我想從第一章寫，但好像怎麼寫，怎麼不順。」小洛感覺到宜岑完全不知道自己的問題出在哪裡？

　　「論文的基本結構就是五章，理當從第一章開始寫，這怎麼會是問題呢？」

　　聽著宜岑再三強調從第一章開始寫，小洛覺得根本無法解決她的問題。悻悻然地就與宜岑斷線。

　　其實，宜岑因為工作與家庭的關係，時間根本就不夠使用。資格考就算考完了，也完全沒有動靜。當小洛這樣問她時，她心裡根本就沒有底，她根本還沒有找指導教授討論，還搞不清楚到底寫論文有什麼問題。

　　在宜岑身上找不到自己要的答案，小洛改向明成詢問，畢竟明成的進度最快，有他一定的經驗值。

　　明成向小洛解釋著，原先，他也以為要從論文的第一章開始組織，但是，他發現到論文第一章裡的名詞定義、研究限制等等許多的結構，若沒有文獻探討過程，他就無法寫出這些結構的內

容；再者，第三章的研究設計與實施，如果沒有文獻探討加以支持與佐證，那麼第三章寫到一半，也會出現問題。他想來想去，就是無法依著第一章、第二章、第三章的順序來寫。換句話說，如果先寫第二章，那麼第一章和第三章就可以順利進行了。

「小洛，我建議妳先寫第二章，寫完之後再寫第一章，否則進度會很慢的。」明成突然頓了一下：「不好意思，我忘了妳不急著畢業。」

「不會的。」聽了明成的解釋，小洛知道問題出在哪裡了。雖然自己不急著畢業，但也不想一顆心都懸在論文身上。更何況她發現到，原先修課時跟王教授很好，王教授也給她很高的評價。但現在真正在指導論文時，卻發現到王教授與自己有溝通上的問題，並不是很順利。

再加上家裡一直在給她壓力，要她先把寫論文的事情放一邊，先休學結婚，再回到學校去拿博士學位。她內心一直徘徊在這兩件事的壓力當中，一點也不快樂。

你可以決定

1 論文結構可參考與自己類似的論文作為範本

　　一般而言，論文的主結構是以五章為結構，第一章緒論、第二章文獻探討、第三章研究設計與實施、第四章結果分析與討論、第五章為結論與建議。不同的研究所，其論文結構規範的要求會有差異。因此，最好的方式是上臺灣博碩士論文知識加值系統網站，或是找尋同類研究所學長姐的論文，看看論文要求的格式與結構，再開始建立論文架構。此外，找一本自己的指導教授指導的研究生論文作為參考的樣本，有助於作為論文撰寫的參考架構。

2 寫作的順序為23145

　　學術論文的寫作順序與閱讀順序不同。在架構好論文的結構之後，論文寫作的順序，依序從第二章、第三章、第一章、第四章、第五章，來進行寫作。如果，研究生從第一章開始進行，整個研究計畫會寫得非常慢，效率不高，並且容易因無法具有大量的參考資料進行組織，而產生極大的困難，還容易出現前後矛盾不一的論述。而從第二章文獻探討開始撰寫，研究者已經梳理了大量的文獻，而形成具體可行的研究議題，並能夠形成一個具有邏輯順序且合理的研究。

❸ 參考文獻決定論文計畫的品質

　　所有的論述都需要透過相關理論文獻進行組織，才能夠形成具有理論支持的論述。藉由第二章針對前人研究基礎的整理，才能形成第三章研究方法與實施；透過第二章文獻探討而來的重要意涵，才能去蕪存菁地放入第一章緒論。未來，在第四章的研究結果與討論時，也同樣是依據第二章整理出來的理論及相關研究，進行討論的依據。換句話說，第二章文獻探討裡參考文獻組織的完整與否，將決定你論文計畫的品質。

❹ 坐在電腦前開始寫是最重要的寫作順序

　　無論你從第二章開始，或是因為指導教授的要求從第一章開始，這些都沒有比你坐在書桌前，打開電腦一字一字地將論文內容組織起來，還要來得重要。只有組織的論文內容才能被評論好壞與否，在沒有把論文內容寫出來之前，從第二章開始或是第一章開始，都只是紙上談兵。

　　學位論文的形成，要能寫出來才算數。研究生不要浪費時間在胡思亂想上面，糾結在是否要從第一章或是第二章開始寫才對，而是要把時間花在寫論文的動作上。如果第二章比較順，你就先從第二章開始寫，再寫第一章；如果教授要求先看第一章，可以先把第二章寫完，再調整寫第一章；如果有資料不足，或有任何的問題，要想盡辦法用正當手段去解決，這樣子才是真正達到論文寫作順序的意義。

4-5 與指導教授的討論

　　小洛自從資格考完之後，就有些停了下來，遲遲不想動筆寫論文。好不容易受到了同學的刺激，眼看著明成就要提出學位論文口試了，自己也想要有些進度。

　　只是回想起上次去找指導教授時的過程……

　　「老師，我想要做有關於課程方面的研究。大致的方向是跟十二年國教有關的。」

　　「十二年國教的範圍很大，是哪個領域的課程呢？」

　　「嗯……我是想要針對我現在國小學生這方面……」

　　「十二年國教主軸是核心素養，妳可以針對國小學生如何透過正式課程，培養出學生的核心素養這方面進行。」

　　「老師，我對這方面沒有興趣，是想做有關於政策方面……」

　　「那妳是要做十二年國教課程的政策分析？」指導教授試著幫助小洛找出可研究的範圍。

　　「不是的，我對於課程的政策並沒有什麼興趣，是想要進行推動十二年國教課程時，有什麼做法……」

　　「那妳是要針對國小學生進行十二年國教課程與教學時，有些什麼策略與方法？」教授抬頭看著小洛，也有些困惑小洛到底想要做些什麼……

　　「我不是要做這樣子的，而是……」小洛說了半天，都沒有一個明確的答案，唯一的答案，唯一的做法，就是一直否定教授提出可以進行的方向。

　　「我看妳還是回去先找找文獻資料，看看別人都做些什麼題目，再決定要做些什麼。想清楚要做什麼再來找我。」

　　小洛謝過教授之後，就離開了教授的研究室。這次會談得到的唯一答案就是，再回去想想。一整個下午，小洛白費了時間，也白費了力氣。一切又回到了原點，再想想。

　　在回家的過程中，她一直認為指導教授是在挑她毛病，故意跟她作對，很想換指導教授，但又沒有聽說過之前有哪位學長姐更換過指導教授。

　　「小洛，妳回來了。」媽媽剛煮好了晚餐，菜色裡有她最愛吃的白灼蝦。小洛一看到，手也沒洗就拿一隻蝦來出氣。

　　「我非宰了你，吃進我嘴裡不可。」

　　看著小洛氣呼呼的樣子，爸媽連叫小洛洗手都不敢，只是小心翼翼地拿了溼紙巾給她擦手，就當作洗過手了……

你可以決定

❶ 找指導教授要有準備

　　為避免給自己逃避的藉口，應有實質的進度，由進度來控制你的下一步。做法的第一步，事先準備與指導教授有約並做妥善的準備，像是這次與教授對談對底要問些什麼？要達成什麼樣的目的？有些研究生找指導教授是找心安的，一點準備和目標都沒有，只是無邊際地討論，加再上來回的路程和時間，一來一返一天就過去了，如果沒有準備，實在是在浪費彼此的時間。

❷ 討論過程要有目標

第二步，是在討論過程要有目標。有些研究生在與指導教授討論時，會不自覺地就進行起「否定化」的論述，不斷地否定指導教授給予的意見，到最後還怪指導教授無法給予合適的意見。為了達到有效的討論，一開始找指導教授，就要陳述清楚你想要問的問題。在討論過程中，也一定要聚精會神地做筆記，在大腦建構研究架構等。儘量每次找指導教授討論，都要有一個結果，如果不能達成目標，則要盡快再來找指導教授，直到解決問題為止。

❸ 討論結束後要有論文進度

第三步，討論結束後要有論文進度。研究生與指導教授對話之後，當下很激動，想著回去後一定要動筆。回到家後一看到電視，一聽到小孩吵，就將論文丟在書桌上，身子骨躺在沙發上，一動也不動。一轉眼，半個月後過去，進度還停留在上次與指導教授的討論，唯一在動的就是時間。

如果，每次討論中或是討論後都沒有進度時，就會感受到挫敗，加重原本就不想要找資料、動筆的心態，久而久之就動不了。一不小心，就到了修業期限，不得不休學。這個時間點的休學通常都會成功，原因在於此時不像修課時，有團體動力、有一些競爭的情緒、想贏的動機在支撐著自己。這時候環境會使團體動力消失，減弱競爭的情緒，削弱想贏的動機。

此時最好的方式是，討論回來之後，無論多累，可以的話，依據指導教授的指導，寫個半頁的論文也好，調整一下論文的結構也好，使自己感受到這次討論有一個進度感，才能利用動態的討論、動筆寫作、用心感受到進度，三者合一，推動自己一直寫下去。

　　與指導教授討論一定要事先準備，要有目標，回到家後要有進度，建立良好的循環，才能使你的論文跟著時間一樣，一直在動，直到完成學位論文。

4-6 與指導教授的相處

　　小洛回想起之前同學們對王教授的評語，又加上宜岑、班長、明成等人跟林教授相處融洽，一直有論文進度，自己就開始懊悔為什麼不與同學一樣，選擇林教授。

　　話說回來，頭已經洗下去了，沒法改了，只有硬著頭皮捗個進度。她只好轉念想著：「其實，王教授說的也有道理，自己到底想要做什麼題目，朝向什麼方向發展，內心根本沒有定案。一下子想分析政策，一下子想要進行教學，自己該決定最終要完成的目標才對。」

　　小洛想清楚自己對於學校行政路線沒有興趣，教學這個主題比較適合自己。又加上自己現在也在帶班級，進行一個以教學實驗研究為主或是行動研究的論文構思方案是可行的。

　　在思考許久之後，她決定以教學實驗作為她的論文方向，開始定下幾個研究題目，鼓起勇氣，主動與王教授相約。

　　這次小洛的心態不同了，她反思自己，既然當初決定與宜岑他們選擇不同的指導教授，就要學習與王教授建立良好的互動模式。否則，接下來的幾年都要和王教授一起合作，就會很辛苦。

　　一轉眼，小洛再次主動與王教授相約，討論自己的博士論文，離上次相約已經是二個月後了。

　　決定了以閱讀理解的教學實驗作為自己的博士研究，再請老爸弄了個簡單的桌上型盆栽，要送給王教授。平時觀察到，王教授喜歡喝咖啡，就順道買了咖啡，前去找她。

　　「決定好要以閱讀理解進行教學實驗研究？」王教授再三確認小洛的研究方向。

　　小洛怯怯地看著自己的筆記，點點頭。

　　「可行。」王教授一肯定，小洛的精氣神都來了，從側邊看著王教授眼鏡裡的眼神，突然覺得：「王教授長得也挺美的。」

　　「接下來去找文獻，看看妳要實驗什麼內容，下次再來報告。」

　　「好。」離開前小洛把老爸弄的桌上型盆栽送給教授。王教授先是一愣，又說：「看起來好像很不錯。」

　　「爸爸的興趣就是弄盆栽，還得過業餘比賽的獎。特地請爸爸弄一個。」

　　「要怎麼照顧呢？」王教授好奇地看著這個盆栽。

　　「不需要怎麼照顧的，想到時澆個水就好。如果真的不行了，我再請爸爸弄一個。」

　　「那要謝謝妳爸爸了。」

　　「爸爸還要謝謝教授指導我呢！」小洛向教授道別之後，臉上的表情超開心，身體也不自覺地舞動起來了。

你可以決定

1 維持友善的溝通態度

　　研究生有時會忘記自己的身分，以為自己是教授，把指導教授當成是研究生，要指導教授來催促自己寫論文、改錯字、提供參考文獻等等，彷彿自己成了培養教授指導能力的教材，自己論文有問題，是指導教授的責任。

　　像這種把指導教授當論文校稿工具，而不是自己為自己論文負責任的態度，這種做法將會延長自己的修業年限。因為，論文的主要撰寫人是研究生，如果出問題了，被取消學位的也是研究生，倒楣的還是自己。指導教授是研究生慎選而來的（指導教授的選任可參考前節談未來指導教授的人選），不是被強逼或是被指定而來。因此，要為自己的論文負責任，與指導教授保持友善的溝通態度，自己也會比較積極努力地完成學位論文，走在畢業的道路上。

2 保持穩定和諧的指導關係

　　有些研究生真人不露相，神龍見首不見尾，一旦找到了指導教授簽了同意書之後，再也沒有出現，直到修業年限快過了，才來找指導教授求救，希望趕快畢業。這種大起大落的指導關係，是研究生自己走在畢業與否的鋼索上，一不小心，就因為修業年限到了，而跌落退學的深淵，後悔自己當初為什麼不積極一些。

　　有些研究生，自視還有好幾年的修業時間，對於指導教授的叮嚀顯得可有可無，私底下還會認為，自己沒必要在指導教授心裡刷存在感。在這種矛盾的心理狀態下，是很難有論文進度的。

　　有些研究生，心裡想的明明是要趕快畢業，但實際上卻完全沒有動靜與作為，長期自我折磨下，很容易就會生病。

　　最好的方式就是自決定好研究方向、定好題目之後，就要與指導教授保持一種固定且穩定的指導關係，一個月或半個月找指導教授一次，檢視自己的論文是否有進度，並持續下去。透過行動與心裡所想的合一，就容易走在畢業的康莊大道上。

❸ 建立互惠的指導與學習關係

　　有些研究生會斤斤計較與指導教授在往來上的物質關係，例如，約指導教授進行討論時，視為理所當然，因為已經繳交了指導費用，所以，無須再請指導教授喝杯咖啡，或送個小的伴手禮，作為感謝之意。雖然，沒有任何規定一定要送任何禮物，但是，少了人之常情的互動關係，整個歷程就像把指導教授當作工具一樣，冷冰冰地一來一往，任誰也不會感受到人情味。未來在學術生涯發展的路上，被提取出來的，也只有工具理性，依照規定來進行的印象。研究生大可以像找朋友出來一樣，有時帶杯飲料，有時帶點家鄉的伴手禮，形成互惠指導的模式，建立除了論文指導上的來往關係，讓指導教授也期待見到你的

進步，更多是良師益友的關係。

④ 持續積極的畢業動力

不管如何，研究生要對自己的畢業負起責任，為畢業保持持續而積極的動力，直到拿到畢業證書為止，才算是完成這個人生階段的目標。

一定要謹記，指導教授是你自己選的，研究題目是你自己訂定的，研究方法是你自己決定的，研究場域是你自己建構的，所有的研究環節都是你自己決定。你之前一定要慎選指導教授，之後就要積極完成畢業論文。

如果，你發現與指導教授的關係不佳，最好的方法就是盡早畢業；如果，你發現你的研究某個環節出了問題，你與指導教授的關係良好，他就會是你最好的良方解藥，他會動用他的能力與資源來幫助你；如果，在論文指導過程中，你們只是建立在工具式的交流方式，你就不能期待指導教授用友善、和諧、互惠的方式協助你。當你的研究出問題時，他用你的方式對你，不也是剛好而已。

4-7 寫論文時的情緒管理

宜岑很辛苦地在準備論文，就算家人已經是全力支援她讀書，她還是常常感覺到心有餘而力不足。

「老婆，怎麼不寫論文了？」

客廳裡的空間堆滿了她幾個月前從圖書館借來的書籍，已經延長借閱時間，眼看著就要到期，她電腦裡最後存檔的論文時間，卻還停留在二個月前，完全沒有進度。

先生也不見她積極前往學校與指導教授討論，也不努力在電腦前整理文獻資料，就是一直在找藉口拖延寫論文。就算好不容易坐在電腦桌前，也只是跟 LINE 上的朋友聊天，或是上網看 IG、FB。投資在論文寫作上的時間完全是零，論文進度自然也是零。

宜岑的先生認為休息一下也好。只是，這一休息，就過了半個學期。

「時間還早嘛！」

「大部分的同學們都沒有人提出論文計畫，不急。」

「還有一大堆人休學了，我算是進度超前的。」

宜岑找藉口的時間，都可以把計畫寫出來了。但是，她就是不想寫，有時甚至會把情緒全發洩在先生和家人身上，動不動就開始責罵先生：「老公，好煩。為什麼別人寫論文那麼順利，而我就那麼倒楣，你都沒辦法幫我。」

「你怎麼就知道別人論文寫作很順利？那個人自己說的？還是你自己想的？」先生反問了她，也有些不耐煩。

「他有很多時間。我還要上班，還要弄家裡，眞的好累。別人都一直前進，就要畢業了，而我呢？還在找文獻資料。眞煩。」

「你怎麼會認爲他有很多時間？」先生覺得家事已經是自己在做，孩子也是爸媽在帶，家裡都盡了最大努力在分擔太太的壓力。

「妳啊！只是把他當成假想敵，視爲情緒的出口。」先生順口一說，沒想到卻引來了太太的怒火，一發不可收拾。

「他是全職。光這點，他的時間就比我還多。你沒有讀博士，在那裡說些什麼風涼話。」宜岑不爽，把印下來的資料全丟在地上，氣呼呼地甩門出去，把先生和孩子丟在家裡。

先生和孩子這陣子也受夠了她的脾氣，完全不想理會她。

你可以決定

❶ 撰寫論文時堅強自我心智

情緒，會引發你的行動力。當你情緒越穩定，你就越能按部就班地寫論文；反之，你情緒起起伏伏，寫論文的進度也會跟著情緒一樣的不安定。

要控制情緒，不要幻想著寫論文時，別人比你順利、比你快樂和開心，這跟你一點也沒有關係。相反地，大部分的人在寫論文時，壓力都很大、過程都很辛苦。此時，一定要堅強自我心智，控制情緒所引發的不理智行動。你可以暫時離開因寫論文而產生的焦慮感，出去走走、看看

綠色植物等大自然的風景，有助於你穩定下來。

❷ 撰寫論文時你要全心全意

在撰寫論文的過程中，很容易因為同學一個個畢業了，或者是還有很多同學還未畢業，而胡思亂想，占用了大腦很多空間。最後你會發現到，這些都與你寫論文沒有關係，而且都是在浪費時間。到最後你還要耗費心力，把這些占用大腦空間的胡思亂想給去除，你還是要回到電腦前，一個字、一個字地打，才有可能完成。因此，不要再去想別人畢業與否，要把剩下來的心力全用在寫論文上，全心全意地完成論文。

❸ 撰寫論文時你要找資料而不是找藉口

只要你想找藉口，就會有藉口出現，像是資料不知道存到哪裡去了、資料不見了；還有很多學期可以好好寫論文，又不是這個學期；今天就暫停一天不寫沒關係，但再回頭寫，已經是一個學期後的事了；或者是好想先把工作的事情完成，等完成之後再來寫論文，但一學年過去了，論文還是沒有動靜。

其實，你心知肚明，藉口不過是用來自己騙自己，不過是把自己推向時間壓力的那一邊。你最該做的是把找藉口的時間拿去找資料，開始組織論文結構，每天都有進度，哪怕一天寫半頁也好，一本碩士論文 120 頁，一年就可以完成；一本博士論文 250 頁，你不到二年就可以完成了。

❹ 撰寫論文時把你僅存的時間花在論文寫作上

　　你會為了一時無法控制妒嫉別人的情緒，而憤憤不平，只要見到他，甚至在 LINE 上，也要花時間酸他。你會因為指導教授對你的指責不近人情，而停止與教授保持良好的關係，甚至不惜付出拿不到學位的代價，也要和指導教授交惡。你因為寫論文的一時挫折，把家庭氛圍搞得天翻地覆，每天把氣出在電腦身上，怎麼也不願意修改論文。這些都會一點一滴消耗掉你最寶貴的時間。到最後，你還是要寫出論文才能畢業。

　　時間與心力，對取得學位的研究生而言，是很珍貴的。每天把你僅存下來的時間和心力全放在寫論文上，縮短寫論文的痛苦期，降低論文執行的風險，才能拿到學位，達到從研究所畢業的目標。

4-8 論文計畫組織的留意事項

　　班長很有企圖心，希望未來能成為小學校長，領導一所學校的發展。他認為博士班的指導教授——林教授對於中小學的影響力，對他未來走學校行政的實務路線是很有助益的。因此，他是有備而來的，不是隨波逐流地選擇他的指導教授。

　　林教授對他的指導是以幽默、風趣的風格，但又不失專業的技巧，相處起來順風順水多了。

　　「你這個題目可行，先以這個方向尋找文獻資料。」

　　「你要決定自己要探討的變項，針對這些變項找尋相關資料。」

　　「下次來請把大綱定出來。」

　　「先進行第二章的寫作，先寫第一節的部分，每次寫完記得先寄過來。」

　　由於林教授的指導方式很符合自己的個性，又加上自己也會事先約定及準備，大約每二個星期就去找林教授，論文進度很穩定在進行當中。

　　撰寫論文計畫的過程中，班長發現到自己在圖書館借閱的論文，或是上網下載的論文，都是已經完成的論文，跟論文計畫有些差異。

　　「明成，你那時的論文計畫是怎麼寫的？」

　　「嗯……用電腦打字寫出來的。」

　　「我不是在問這個。」班長覺得明成的答案很好笑，感覺上他好像已經完成博士學位了。

　　明成因為完成論文，內心壓力輕鬆不少，才有辦法跟班長開玩笑。

　　「論文計畫指的是你未來要怎麼進行你的研究方案，你要依循什麼樣的步驟、要研究什麼樣的議題等等的計畫。」「簡單地說，就是未來要完成什麼。」

　　「所以是未來式。」

　　「沒錯。前三章是未來式，也是你會完成什麼，會採取什麼步驟。等到你執行完論文計畫，那麼就要改成完成式。」

　　「有什麼要持別注意的？」

　　「你要想到第四章、第五章大概會是什麼內容。」

　　「計畫沒有執行完，怎麼會知道呢？」

　　「所以，要參考學長姐或是別人的研究論文，看看他們的第四章和第五章是怎麼結構內容的，這樣子在撰寫前三章時，才不容易出大問題。」

你可以決定

❶ 留意論文計畫的內容為未來式

　　碩、博士的論文計畫都是寫到前三章就好了，特殊狀況要依據指導教授的指示。你要在計畫裡說明，第一章你為什麼要研究這個議題，它有什麼重要性值得研究；第二章你要如何利用過去研究者提出的理論及研究成果，透過第三章的研究方法來研究你所要處理的變項結果。所以，你在完成論文計畫時，是告訴委員你未來要做些什麼。有

這樣子的概念之後，與指導教授針對這些內容所產生的細部問題，進行探討與指導。

② 留意論文計畫組織的研究變項不可太少

一般而言，碩士論文計畫要設計至少三個變項，而博士論文計畫要設計至少四個變項。因此，在尋找資料時，就是根據這些變項進行資料蒐集。變項太少，會影響到未來生涯發展。舉例而言，如果碩士論文只做二個變項，未來想考博士班時，就容易顯出論文內涵薄弱，而影響錄取率。如果博士論文只做三個變項，未來透過博士論文進行教授升等時，也容易影響升等率。

③ 注意格式引用和降低比對雷同率

在組織計畫時，所有引用他人文獻資料，都要使用最新版的 APA 格式進行。引用時，一定要留意字數的規定與要求。這會影響到你後續在完成論文時，經過電腦比對系統比對的雷同率。

當整本論文的雷同率高過學校規定時（例如比對之後雷同率高過 30%），就要從論文計畫裡大幅修正。如果你想投機取巧，在比對文章裡動手腳，好通過比對系統。未來，你將面臨開放論文下載後別人的比對。一旦比對出來變成抄襲，後續又會產生很多問題。

一般而言，質性研究雷同率較容易符合規範；而量化研究的雷同率因為圖、表都是固定好的，較容易就超過比對雷同率的限制。因此，文獻資料處理時，可以採用改寫

及外文引用自行翻譯的策略，降低論文比對雷同率。

❹ 大略知道第四章、第五章所呈現的樣態

論文計畫只是論文的過程，最終還是要完成整本論文。如果，你可以大略知道自己未來在第四章、第五章所呈現的樣態，包含結果、結論等，寫作上就會順利一些。如果無法大略知道未來論文的樣態，要多看一些與你研究相關的期刊或論文，指引你方向，寫出符合你當初設計的論文計畫。

舉例而言，研究生明明寫的是實驗研究法，到最後呈現出來的卻是行動研究，在論文口試完還要大幅修正，甚至還要補足資料。你看到這裡也許覺得很好笑，怎麼會犯下差異這麼大的錯誤，但實際上在真實的論文口試時，很多研究生都會犯下這樣的錯誤。

• • • • • • • • • • •

一定要事先預防，在論文計畫寫作時，就留意這些問題。寧可仔細處理論文計畫，也不要後續再花大把時間修正。到時候，你會心累到完全不想動，後悔自己當初為什麼不注意這些細節。

4-9 論文計畫口試的準備與執行策略

　　眼看著明成這學期就要畢業了，班長內心裡真的好羨慕，他要自己一定要在五年內畢業。他不希望這個博士班的學習再拖下去，想趕快完成學位。

　　一分神，他就回想起這三年半來的處境：「讀這個博士班已經讀到要鬧家庭革命了，老婆天天都在唸著自己什麼時候要畢業，趕快回來分擔家事，帶孩子出去玩，吵得都要離婚了。」

　　下定決心一定要在這學期論文計畫口試的他，很積極地與教授討論論文計畫內容，又在經過明成的建議下，努力去解決論文計畫撰寫的各項問題，像是缺少資料，就積極地去圖書館、網路等等找資料。他堅持著每天一定要投資時間，用來寫論文。

　　當林教授告訴他：「計畫寫得不錯，可以提計畫口試了。」他內心裡真的好開心。

　　「就算不是第一名畢業，也要能順利畢業。」這是他堅持的信念：「我一定要拿到博士學位，從研究所畢業。」

　　「你想要找誰作為你的口試委員呢？要有把握。」突然被林教授問了這麼一個問題，班長內心裡完全沒有準備：「老師我沒有人選。」

　　林教授給了他一些名單，要他先與四位教授聯繫；另一方面，他也到系辦找王小姐，繳交他提論文計畫口試的資料；再來，他開始準備會場需要的用品，像是報告用的 PPT、口試過程的餐點、事後的伴手禮等等。

　　就算自認爲都做好了萬全準備，他還是在會場裡受到很大的批判。

　　「你這個題目了無新意，除了一個變項不同，跟你學長姐的論文有什麼差異……」

　　「你這個統計有問題，怎麼會這樣子設計呢……」

　　「你文獻怎麼這麼少，才不到 200 筆，還這麼舊……」

　　「第 20 頁寫的怎麼跟第 40 頁寫的不一樣，到底哪一個才是你要討論的？」

　　「你的 APA 格式錯誤一堆……」

　　「你的博士論文跟碩士論文有什麼差異……」

　　「你要發問卷，你的對象哪裡找……」

　　計畫口試大約經歷了二個小時，班長六神無主，無法順利回應教授的應答。但最終還是通過計畫，希望他能好好完成論文

‧‧‧‧‧‧‧‧‧‧‧‧

　　口試結束後，班長雖有完成論文計畫的喜悅，卻沒有完成論文的勇氣。回到家後，包包一放，整個人就躺在床上，呼呼大睡去了。

 **你可以決定**

❶ 要確定得到指導教授的同意才能提出口試

　　有些研究生自認為已經得到指導教授同意，就自行向系辦提出論文口試計畫，但其實指導教授要求修改的部分並未修改完成，或者指導教授語意不明，自己誤解了意思。到最後，被要求取消論文計畫口試。為了預防錯誤的發生，最好要具體明確得到指導教授的同意，才向系辦提出申請論文口試。

❷ 明確與口委的聯繫

　　決定要論文計畫口試時，一定要及早就做好準備，並明確與口委的聯繫，確定日期與時間。

　　一般而言，多數的研究生會選擇在學期末提出論文口試，造成此時的口委教授不好預約。碩士論文計畫口試，會是連同指導教授為校內二位、校外一位，一共是三位；到了博士論文計畫口試，則是校內連同指導教授為三位、校外二位，一共是五位。有時候，熱門度高、受歡迎的教授，甚至要提早二、三個月預約，才有時間口試。

　　因此，有計畫要口試的研究生，一定要提早跟自己的指導教授進行討論，並且做好準時提論文計畫口試的準備，避免論文計畫寫不出來又延到下學期，或者是沒有適合的教授來為自己口試。

❸ 清楚提出論文計畫口試的規範與備齊正式口試文件

一定要清楚系所對於論文計畫口試的規範,與備齊正式口試文件。像是要完成什麼條件才能提出來,正式口試時要準備什麼文件等。這些行政細節一定要清楚並完成才行,而不要以僥倖心理自找麻煩。依據這些規範來進行,才能保障自己的權益。

❹ 口試會場的布置與準備

一般而言,碩士論文計畫口試的時間約在一個半小時,博士論文計畫口試約在二個半小時,有時候會更久也不一定。因此,會場一定要有所準備:

(1) 食物

像是方便食用的飲料、甜點、水果、鹹食等。我們建議,可以在食物準備上納入像豆花、布丁,這種吃起來方便,嘗起來甜甜又軟軟的食物,它有時會發揮及時緩和緊張情緒的作用。至於水果方面,最好是方便食用,像是可以由口委自己剝皮的橘子。這樣子的水果,一方面比較乾淨,二方面就算不吃也好帶走。如果有要吃便當,最好準備傳統滷雞腿便當,一來冷了也不會有酸味,二來不吃帶回家去也方便再熱食。

(2) 備援物件

其他像是電腦、PPT、文件等,最好有及時救援的備份。萬一臨時出問題,才無後顧之憂。

(3) 伴手禮

　　伴手禮則視個人喜好及經濟狀況而定。就像遠道而來的客人來訪，送一份禮物帶回去，表示研究生的一份感謝之意。

⑤ 回應口委的進退應對

　　有些禮貌性的話語一定要準備，像是「感謝主席」、「謝謝教授的指導」、「關於這個意見，我會與指導教授討論如何修正能更好」之類的話語。會場裡口委的批判一定很重，有時研究生會被批判到不知所云、六神無主，就忘了要說些什麼。此時，這些話語就會發揮緩和情緒，使自己冷靜下來的作用。最後，要在口試結束後把會場整理好，作為心理狀態及形式上的句點。

　　上述提出的是重點方向。論文計畫口試的細節有很多，可以透過觀摩學長姐的論文計畫口試，掌握住自己需要的重點。

4-10 影響論文計畫執行的關鍵因素及其解決策略

班長好不容易醒來，躺在床上，看著丟在椅上的包包，回想起被口試口委說得這麼不好，猶豫著自己到底要不要把裡面的論文計畫拿出來。

明成打來的一通電話叫醒了他：「我要論文口試，想請你幫忙。」

班長向明成大吐苦水，覺得自己怎麼會把論文計畫寫成這樣。

明成安慰著他：「這是正常的，不管你寫得如何，總是批評的多於讚美。別想太多了。接下來才是真正的困難。」

班長想著，怎麼還會更難……

明成像連珠砲一樣，一發不可收拾地抱怨著。

「我之前碩士論文和你一樣，是寫量化的。光是 Key-in 統計資料，就要花多少時間……」

「問卷回收回來時，看著問卷上那些三字經、五字經，還要不受影響……」

「問卷回收回來，才發現可以用的不多，還要拜託別人再發……」

「形成文字報告……」

「現在，為了這本論文，我花了三年半才能做出一個研究，沒有研究樣本，沒有研究場域，認清自己身為研究者的限制，天天都像是被繩子勒著脖子，不敢用力呼吸，只有趕快畢業才能解

脫。」

「你怎麼還會有時間去思考教授怎麼批判你呢？」

「趕快畢業，才是解決問題的好方法。」

「別老想著我全職，就有時間可以浪費。你怎麼沒想過，你有現成的研究場域，也有足夠的研究樣本可以進行。我還羨慕你們呢。」

「現在我準備論文口試，論文還要上傳抄襲比對系統……」

「還要跟口試委員約時間……」

聽著明成的抱怨，之前要死不活的班長，不知不覺地也活了起來。

「爲什麼跟口試委員約時間也會是件難事？」

「可見得你約口委時很順利。我二個月前約，才能把五位口委湊在一起，差點無法順利計畫口試呢！」

也許是明成將要論文口試而刺激了他，也許是明成抱怨式的安慰眞的到位，班長想著班上的其他同學，有些休學，有些連題目都沒個影子，正在休學的選擇中掙扎，自己三年半就可以進行計畫口試，也算是強者了。

「好。聽兄弟一句話，什麼時候？要做什麼……」

你可以決定

➊ 論文做不出來：改題目或變項

　　這個問題是最大的。研究生在訂定題目時，沒有仔細地考慮是否能做得出來。所謂的做得出來，就是能完成研究設計裡的研究問題。研究生在訂定研究題目時，不要好大喜功，更不要騙自己，要仔細考量樣本在哪裡？研究場域在哪裡？寧可小而做得出來，也不要大而做不出來，否則，最終就是自己騙自己，白忙一場。如果真的碰到這個問題，應該趕快找指導教授，商討如何去解決。必要時真的要微調題目或改題目，或者是調整變項之類的。

➋ 平時就培養寫論文的能力

　　有些研究生因為在修課時，說滿分，只做五分，導致問題真正浮現出來時，已經來不及了。有些研究生在修課時的表現很好，會投教師的所好而拿到高分，或是利用一份報告繳交修課時所有的報告。等到真正要寫論文的時候，就會出現很大的問題，不知道文獻資料在哪裡，不知道如何做資料的組織，或完全不知道何種文獻資料才是對自己論文有價值的。

　　平時就要努力培養自己的寫作能力、資料搜尋能力、資料整理與組織能力。平時報告就應嘗試多看、多寫。這些都要花時間才能累積實力，一分耕耘、一分收穫，短時間看不出來這種文獻組織的功力，但在真正寫論文時，就會感受到自己平時努力的價值。

❸ 不想寫論文時也要自己開電腦寫個一、二句

　　這種完全不想動的狀況是大部分研究生的通病，解方就是立刻放下手邊工作，寫一句也好，整理一段資料也好，而後開始強迫自己養成習慣，堅持每天寫一點點，等到自己一天沒有寫就會感覺到怪怪的，不自覺就會坐在電腦桌前開始撰寫論文，那就是習慣已經養成了。其實，這種不想動的狀態，是因為你不知道要寫些什麼，接下來要怎麼做，而導致的停滯不前。尤其好發在剛開始寫論文時，本來就是起頭難，但是到了最後寫習慣時，就會覺得一點都不難。

❹ 寫到卡住時去走一走

　　寫論文寫到卡住是正常的，正好跟上面不想寫論文是相反的。寫到卡住是一直寫，結果寫到無法再寫下去，已經寫到大腦一片空白，身體的負荷太重，根本就動不了。這時候反而要離開電腦上的論文，起身去走一走，去吃點東西，或者是去逛逛街，做做運動等，就是不要再寫下去了。可以的話，甚至要隔天再寫，效率會比較好。要記住，在電腦關機前做三件事情：第一，將檔案寄給自己；第二，將檔案存檔在電腦硬碟上面；第三，將檔案存在隨身碟上面，檔名可以當天的年月日時間為主。

4-11 學位論文可能被取消的關鍵因素及其避免方法

「你聽說了嗎？有位學長被取消博士學位資格了。」宜岑不知道去哪裡打聽來的消息。

「妳怎麼有時間討論這個問題，還不趕快寫論文。」小洛正在思考接下來的論文計畫要先寫哪一個部分。

「小洛，妳不覺得很奇怪嗎？那位學長平時表現很好，英文也強，報告也很強，之前娟娟還很讚美他。」

「哎呀！這有什麼好奇怪的。學長這麼強，怎麼會被取消學位呢？取消學位是大事，很麻煩的。可見得他一定犯了什麼天大的錯誤，才會被取消學位資格。不過，我很好奇，他到底犯了什麼大錯？抄襲嗎？」小洛被宜岑的話題吸引住，也分心想聽聽到底出了什麼問題。

「不是，我聽說是他的論文樣本有問題。」

「他是做什麼題目，樣本怎麼會有問題呢？」

「我聽說他明明樣本數不足，卻利用複製樣本的方式，使樣本數達標，之後再形成顯著差異。」

「這樣他也敢做。他是以為教授都看不懂嗎？不過，學校沒給他機會嗎？」小洛覺得學校的教授批判歸批判，還是很希望研究生能完成學位。

「不知道。我也是聽來的。說真的，我一直就覺得，博士班壓力這麼大，他還可以一直表現出頂尖的樣子，要不是真的，就是裝的。真的裝不了，裝的真的不了。現在，他真的被戳破了，

就變裝的了！」

「就是啊！他還在臉書上大放厥詞地說什麼自己很屬害，是研究生的榜樣等等。」小洛對照之前的學長給人的印象，還真有些諷刺。

「對。我還記得，學校還給他最佳研究生獎。學校應該要追回去才對。」

「人有底、不怕比，腳踏實地做自己。與其比成績，比誰是最佳研究生，比誰最快畢業，誰可以去大學教書，還不如一步一腳印，做好自己該做的事情。你看，明成什麼都不比，娸娸這樣子對他，盡當著他的面酸他，結果呢？明成要畢業了，娸娸在哪裡了呢？話說回來，明成什麼時候要提論文口試，我們去幫他，順便也去看看論文口試長什麼樣子。」

「好啊！也激勵一下自己，快快畢業。」

你可以決定

❶ 在學術界上留下好的名聲

　　如果真的不想念、念不下去了，就直接放棄學位就好，千萬不要犯造假之類的錯誤。學術圈是一個圓，一旦留下被取消學位的這種紀錄，就會在這個學術領域裡留下不利於自己的名聲，未來的學術生涯發展會產生很大的阻礙。

❷ 努力踏實地修改引用過度的問題

　　現在的論文有電腦的比對系統進行比對，只要你是正規守法，把自己要口試的論文拿去比對，依據比對結果進行修正，就不會有太大的問題。一般而言，口試後的修正就不會大量修改參考文獻資料。但如果你是為了避開比對雷同率，使用不同版本的論文，造成上傳臺灣博碩士論文加值系統的論文，與原始比對的論文差異太大，最後有人好奇將你的論文進行比對，發現雷同率太高，形成抄襲的問題，就有可能會影響到學位及生涯發展。

❸ 誠實處理研究樣本的數據問題

　　如果你的樣本數不足，而故意複製數據，造成統計上的顯著效果。奉勸你不要浪費力氣做這種欺騙指導教授和口試委員的事。一定要誠實地去做論文，如果有問題，要誠實跟指導教授討論，看是要修改論文計畫設計，還是要縮小樣本數等的做法。

　　如果你在修課時有把人脈關係打好，建立足夠的樣本來源，這個問題不會發生。但如果你沒有在修課期間做到，後面研究時就容易碰到這種類似的問題。

❹ 事先預防研究倫理方面的問題

　　現在做研究不容易，有時沒有白紙黑字的研究倫理書面資料作為證明，遇到研究倫理問題，也就是沒有研究樣本的訪談或是調查同意書，就把訪談資料或是相關數據放在論文裡，到最後該研究樣本反悔不同意，導致研究生

白忙一場。像這樣子的情形，多數吃虧的是研究生。如果真的碰上問題了，可以與指導教授商討如何因應。真的不行，這個樣本就要放棄，避免論文有後顧之憂。

⑤ 務必要腳踏實地做論文

　　像是花錢買論文、盜用他人論文等，這只有重做、重讀，沒有其他的辦法了。研究生花了那麼大的力氣考進來、修課、投稿，走到最後就好好地做好論文。在執行論文計畫過程中，本來就很辛苦，甚至會很痛苦，沒有人會覺得輕鬆。所以，才會有人想要花錢買論文、盜用他人論文。但在科技快速進步的時代裡，一定會被發現。一旦被發現，輕則撤銷學位，重則吃上官司，這些都是學術圈不願看到的現象。

4-12 論文口試的準備與執行

　　終於來到了論文口試的這一天，無論如何，一定要熬過這最後一關。

　　明成是經歷了相當大的競爭考進了博士班，之後歷經了修課時的修練、資格考的洗禮、論文計畫口試的再淬鍊，直到今天才能完成論文。一路走到現在，內心的信仰一直沒有改變，相信自己一定可以拿到學位。在這段過程中，多數時間他都是自己獨自一個人向前邁進，一直走、一直想、一直寫、一直讀、一直前進的循環人生。外人看來是簡單，但他自己走來，卻充滿各式各樣的挑戰。

　　宜岑、小洛、班長來幫忙他的論文口試。雖然之前論文計畫口試時，已經做過了一次，但這一次他還是很謹慎，希望能順利完成。

　　「在之前，學姐因為一篇期刊文章被退了稿，結果現在不知道如何？」小洛突然想起了這件事情。

　　「對。我也還記得。所以，我們在論文口試之前，要把所有的畢業條件都弄好，才能申請。」明成提醒大家要注意這件事。

　　「是。系上會檢查這些資料。」

　　「恭喜你，現在要準備畢業了。」

　　「下一個就是你。」

　　「我還有一段很長的路要走。」

　　論文口試和論文計畫口試準備的大致相同，給教授的部分是行政文件、與會時使用的餐點、會後的禮物等等；自己要使用的

部分，則是 PPT、錄影及錄音的工作、筆記等。

　　開始時是由主席先發言，研究生要報告自己的論文執行結果和討論，再加上論文結論。之後，就由教授們針對應修正之處提出意見和看法，再由研究生回應。最終，大約經歷三個小時左右，這個論文口試的會議就會結束，而研究生和其他人等要到教室外等候。最後，會由主席報告通過與否，以及分數。

　　在主席宣布明成通過論文口試，是新科博士時，他哭了。很感性地謝謝主席和口試委員，更感謝的是一路以來支持他的指導教授。此時此刻，他的大腦裡浮現的記憶，是曾經酸他和指桑罵槐的語言，曾經用不屑眼光看他報告的眼神，曾經默默幫助他、鼓勵他的溫暖，曾經自己也快要放棄的淚水。他始終抱持著一個信念，他一定會拿到博士學位而畢業。而今天，就是實現這個信念的日子。

你可以決定

❶ 要確定清楚提出正式論文口試的規範

　　各系所對於提出論文計畫與正式論文口試，都有相當嚴格的規範與要求。一般而言，論文口試要提出的項目，會比論文計畫口試的規定項目來得多，每一個環節都要完成，並且要備齊文件資料，才能順利提出正式論文口試。研究生一定要明確並仔細對照各項要求規範，檢視自己達成的項目是否符合系所規定，準備好才提出。

❷ 要確定得到指導教授的同意才能提出口試

　　有些研究生在與指導教授聯繫的過程中，並沒有得到指導教授肯定的答覆，就自以為可以提出了，而逕自把論文寄給口試委員，反而遭到指導教授取消論文口試，像這種情形在研究所是層出不窮的。不管是什麼樣的原因導致這種情形，都只有一個結論，就是指導教授不同意你提出口試，無論是論文計畫或是正式論文口試，都需要經由指導教授明確的同意，才能夠提出。研究生要記得，在修完課，取得博士候選人資格之後的論文寫作期，所有一切都是由指導教授進行把關。沒有指導教授的同意，包括你提出的論文內容、決定口試的時間、與口試委員聯繫等等，研究生是不可能有機會提出口試。

❸ 要明確與口委的聯繫並商量口試時間

　　在得到指導教授同意可以提出口試之後，就要依據系所規定的做法，進行行政程序並與口委聯繫。要把口委都湊在一起為你口試，是需要很長的時間。尤其是在學期末時，各系所的研究生都準備進行口試，教授都很忙碌，有時候還有些教授會提早出國。因此，研究生要能拿捏好時間，不要因為口試時間太晚，而影響到後續的生涯發展，像是加薪、應徵工作等等。

　　另一種狀況是口委收到了你的論文，發現你的論文中有很大的問題是他在論文計畫時就提出的，但你都沒有修正，如果你不修正，他就不來為你口試；或是校外口委臨

時拒絕為你口試時,你也要有備案,要與指導教授討論之後,再決定下一步該怎麼辦。

❹ 做好正式口試細節的準備

此外,你可以參考論文計畫口試時的準備。在正式口試時有許多事項要準備,我們建議最好當天不要再安排其他事項,就專心把論文口試完成。要準備的項目可以分為四個階段:

第一是會前階段,你要準備好要穿的衣服、報告的資料、電腦設備、備用論文等。

第二階段是行政文件,主要是確認你符合取得學位資格的文件,這部分要向系所確認清楚。因為少簽任何一張文件,就要再書信往返,拖上好幾天。

第三是會中階段,給予口委的飲食與會議的記錄。口委的飲食可以事先調查,基本上要甜鹹兼具,如果有跨餐期,就要準備便當。尤其是博士生的論文口試,有時長達三、四小時,有這些飲食進行能量的補充,對研究生是有利的。另外,你要記錄口委的意見,作為後續修正的依據。

第四是會後階段,給予口委的費用和禮物。口委千里而來,同時檢視你的論文,是很辛苦的,該給的交通費和禮物可以大器一些,為自己最後的一哩路留下好印象。

4-13 影響畢業的關鍵因素

「明成，恭喜你，完成博士學位了。現在是陳博士了。」

「一下子，你就變成了我們的學長了。」

「因為學長姐們還有一堆人沒畢業，他們現在都變成你的學弟妹了。」

「未來有些什麼打算？」班長想著，如果明成沒有工作，也許可以介紹個工作給他。

「先把論文修改好，再把畢業程序走完。」明成決定接下來要完成的事項。

「對。明成，你最好要聽指導教授的話，好好修改。之前，我就聽說……」小洛把聲音壓低，似乎不想讓別人聽見。

宜岑用手肘推著小洛：「妳快說啊！」

「就是之前有位學長，不想好好修改，玩了兩面手法，告訴指導教授說自己已經修改完畢，而且也寄給了校外口委，校外口委已經同意了。結果指導教授放行讓他畢業。半年後，校外口委問學校，這位學生改得如何，事情才爆發出來。」

「後來呢？」宜岑很吃驚地問著小洛。

「我聽說校外口委很生氣，因為學長不誠實，還玩花樣。不久之後就有傳聞說，以後如果是我們學校的博士要申請入大學擔任教職，要多加考慮。」

「這是要封殺我們學校的博士嗎？」

小洛聳聳肩，沒有回應宜岑的問話，倒是轉向了明成：「明成，你未來要到大學裡工作嗎？」

「我有這個打算。」

「那要趕快拿到畢業證書。有些大學徵才，會在學期交換的時候。你趕快拿到證書，才能申請找工作。還有畢業論文也很重要，把論文修改好，才有機會申請上大學教職。」

「是啊！現在大學職缺難找，先搶先贏。」

「而且，我聽說畢業流程有些複雜，文件很多。」

「小洛，妳真是萬事通，連這個也知道。」

「我也想要趕快畢業啊！過過乾癮。」

明成把這些訊息都聽在心裡，回說：「我先回去好好地改論文，再把這些流程跑完，等我拿到證書，我們再出來吃飯，換我炫耀。」

班長大笑地說：「沒問題。等你的好消息。」

你可以決定

❶ 論文修改要以指導教授的意見為主

論文的修改意見，有時會產生兩位口試委員意見相左的狀況，或甚至三位委員的意見不一致，此時研究生在修改時，會陷入兩難，不知如何修改。在最後的修改過程中，要以指導教授的意見為主，並要針對論文的整體邏輯順序，形成一個有系統、有完整架構的論文內容。換句話說，先以指導教授意見為意見，如果口試委員提出的意見實在無法與自己的論文內容相容，那麼，可以放入未來研究的建議，提供給有興趣的研究者進行後續的研究。

❷ 保留足夠的時間預防風險發生

　　研究生如果事前已經把休學的機會全部都用盡，現在論文修改出了問題，或是你自己出了問題，或是指導教授出了問題等，都有可能使你鋌而走險，到最後使用不當手段來達成畢業目標。這就是為什麼我們在之前一直強調，要保留時間給你無法計算到的風險。

❸ 一定要指導教授認可才能畢業

　　指導教授是最後決定你能否畢業的關鍵人物，如果沒有他的認可，你是無法畢業的。一般而言，只要能循正常軌道修改你的論文，再送給指導教授審閱，多數都能順利畢業的。

4-14 完成畢業流程取得博士學位

畢業流程的確有些複雜，針對教授們對於論文的意見，明成光是修改，也花了一段時間。接下來，有許多文件要再與指導教授討論及簽署，像是著作權歸屬簽署書、上網授權書，還有一堆離校程序要辦理。不是想像中的只要口試完了就沒事。

明成拿著畢業流程要求的資料去系上繳交時，聽到了也要在這學期畢業的學長，向系辦抱怨著指導教授已經出國，相關文件的簽署有些困難，不知如何能解決，深怕再拖下去，就又要到下學期才能畢業。明成深感自己還算順利，沒有這個問題。

教務處恭喜他畢業，除了給他博士學位畢業證書外，還送了四張成績單，二張中文、二張英文，詢問他未來動向。他笑說已經去拜孔廟了，拿到畢業證書，就請孔子幫助他，能順利找到大學教職工作。

受到了明成完成學位的影響，班長整理好情緒，就開始執行論文計畫，並沒有選擇停下來；宜岑也受到了影響，想著如果就接在班長後面畢業也不錯，也就積極地動了起來；小洛和王教授的相處有了老爸的盆栽作為話題，在討論有歧見時，可以分心一下話題，緩緩情緒。

• • • • • • • • • • • •

同時進入博士班的同學，到博七結束時，只有明成、班長、宜岑、小洛拿到博士畢業證書，其他的人不是還在休學中，就是已經自我選擇放棄取得博士學位，準備被研究所退學。

明成進入大學擔任教職的過程雖然有些顛簸，但最終還是在

一所私立大學取得助理教授的正職，目前還在努力成爲國立大學教授。

班長在拿到博士學位之後，仕途大開，考了二次校長落榜的他，第三次順利就考上校長資格，成爲學校唯一的博士教師。

宜岑雖然花了七年才畢業，但終究也是實實在在取得的博士學位，能跟楊老師平起平坐。學校一下子因爲有二位博士教師，故吸引了不少家長前來，詢問自己的小孩如何才能進入這所博士小學就讀。

小洛一拿到博士學位畢業證書，又回到相親人生，終究是難逃也要拿張結婚證書的命運。

你可以決定

❶ 畢業流程及早啟動

經常有研究生因為論文口試的時間訂得太晚，又加上畢業流程完成得太慢，以至於原本應徵好的工作，沒有在期限內達成，只好放棄。還有一種，是因為正好卡在過年或放長假的期間，研究生動作太慢，拖得太晚，結果指導教授都飛到地球的另一頭了，再回來簽他的畢業文件，已經是下個學期，而影響到他的生涯發展。

論文經過修改，再印出紙本、上傳至論文系統等，都需要一段時間。如果，拿學位是為了要求職、升遷、加薪等等，而且有時間限制，畢業流程就要及早進行，避免來不及拿到畢業證書，而導致失去機會。

❷ 腳踏實地做研究

　　論文裡會留下你腳踏實地做研究的影子，也會留下你為研究努力的情緒、思維、態度，還有你的世界觀，甚至會留下你偷懶、負向思維、憤憤不平，以及你做人做事的影子。論文的內容，會顯出個人背後想要傳達的意念，是自以為聰明，還是大智若愚。研究生不要害怕因為研究做不好而被罵，而要相信自己，腳踏實地做研究。

　　最後，我們給想讀研究所的潛在研究生的建議：

　　透過本書的閱讀，你可以大概了解一個頂尖研究所的生態，以及研究生的心理及應做的努力。鼓起勇氣，不要相信你考運不好，而是去努力考進研究所，好好地修課、寫論文、做研究。

　　我們給現在讀研究所，卻載浮載沉的研究生的建議：

　　拒絕那些與你不相關的批判，把時間與心力全用在完成學位，從研究所畢業的事項上提早布局你的研究，強化你的底氣，堅強你的心智，用對方法，直到你拿到學位，從研究所畢業。

　　我們給現在後悔過去沒有拿到學位的研究生的建議：

　　做學問是一輩子的事情，一時的挫折不代表你一生都挫折。真的是寫不出論文嗎？還是你有其他的問題，導致你寫不出論文來。想清楚你為什麼沒有拿到學位的問題，再回到研究所去解決它。

　　如果碩士時的論文，自己覺得可以寫得更好，歡迎到博士班來；如果博士的論文，自己覺得可以寫得更好，歡迎畢業後繼續發表小型研究，為自己的生涯創造更大的影響力。

國家圖書館出版品預行編目資料

研究生的第一本書：從研究所畢業／林香河，
林進材著. ――初版.――臺北市：五南圖書
出版股份有限公司, 2021.05
　　面；　公分
　　ISBN 978-986-522-710-4 (平裝)

1.研究所　2.考試指南

525.74　　　　　　　　　110006168

1H2V

研究生的第一本書
從研究所畢業

作　　　者 ― 林香河(135.4)、林進材

發 行 人 ― 楊榮川

總 經 理 ― 楊士清

總 編 輯 ― 楊秀麗

副總編輯 ― 黃文瓊

責任編輯 ― 李敏華

封面設計 ― 王麗娟

出 版 者 ― 五南圖書出版股份有限公司

地　　　址：106台北市大安區和平東路二段339號4樓

電　　　話：(02)2705-5066　　傳　　　真：(02)2706-6100

網　　　址：https://www.wunan.com.tw

電子郵件：wunan@wunan.com.tw

劃撥帳號：01068953

戶　　　名：五南圖書出版股份有限公司

法律顧問　林勝安律師事務所　林勝安律師

出版日期　2021年5月初版一刷

定　　　價　新臺幣330元

經典永恆‧名著常在

五十週年的獻禮——經典名著文庫

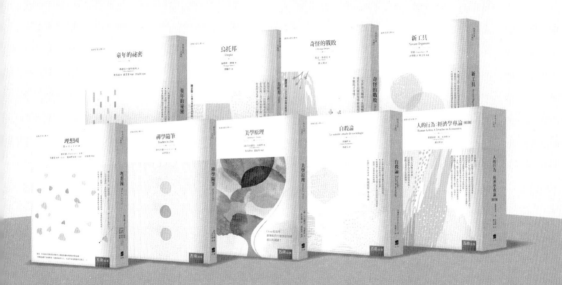

五南，五十年了，半個世紀，人生旅程的一大半，走過來了。

思索著，邁向百年的未來歷程，能為知識界、文化學術界作些什麼？

在速食文化的生態下，有什麼值得讓人雋永品味的？

歷代經典‧當今名著，經過時間的洗禮，千錘百鍊，流傳至今，光芒耀人；

不僅使我們能領悟前人的智慧，同時也增深加廣我們思考的深度與視野。

我們決心投入巨資，有計畫的系統梳選，成立「經典名著文庫」，

希望收入古今中外思想性的、充滿睿智與獨見的經典、名著。

這是一項理想性的、永續性的巨大出版工程。

不在意讀者的眾寡，只考慮它的學術價值，力求完整展現先哲思想的軌跡；

為知識界開啟一片智慧之窗，營造一座百花綻放的世界文明公園，

任君遨遊、取菁吸蜜、嘉惠學子！